Edme BOURSAULT

LES FABLES D'ESOPE
COMEDIE

Edition critique

par

Terence ALLOTT

University of Exeter
1988

325156

First published 1988 by
The University of Exeter

© T. Allott 1988

ISSN 0309 - 6998
ISBN 0 85989 249 2

March 1988

Printed in Great Britain by A. Wheaton & Co. Ltd., Exeter

60 0325156 6
TELEPEN

TEXTES LITTERAIRES

Collection dirigée par Keith Cameron

LXVII

LES FABLES D'ESOPE

L. Audran Fecit
Les Fables d'Esope
Comédie.

INTRODUCTION

L'AUTEUR

"Un nommé Br... Brou... Brossaut" (MOLIERE, *L'Impromptu de Versailles*, v)

Edme Boursault (1638–1701) eut l'extrême malchance d'être l'objet d'attaques lancées par trois des plus éminents auteurs de son temps — Molière, Boileau et Racine. Sans doute y avait-il une certaine provocation de sa part, néanmoins Boursault ne mérite pas — ni par sa personnalité ni par ses œuvres — d'apparaître, dans l'histoire littéraire, uniquement comme un souffre-douleur. Il fut au contraire une personne très attachante qui sut se concilier les bonnes grâces et même l'amitié des grands de ce monde, de Louis XIV et du prince de Condé par exemple, mais qui n'oublia jamais la misère et les souffrances d'une grande partie de ses concitoyens. En même temps, du point de vue littéraire, il fit preuve d'un esprit ouvert et original en cherchant sans cesse à renouveler les formes artistiques qu'il adoptait. Il exploita avec succès le roman historique et le roman par lettres; il développa la comédie pour en faire une sorte de reportage; il renouvela l'art épistolaire. Enfin il tenta le mélange des genres et, choisissant le personnage d'Esope comme sujet, allia la fable à la comédie.

Les premières années de sa vie cependant ne laissaient pas présager une telle carrière (1). Né en octobre 1638 à Mussy-L'Evêque en Champagne, Edme Boursault appartient à une famille d'officiers ou de fonctionnaires. Son père, plus adonné aux plaisirs que soucieux de l'avenir de ses enfants, négligea son éducation (2). Edme ne reçut donc pas ces deux éléments essentiels du bagage intellectuel de l'époque: la connaissance de la langue latine (avec tout ce qu'elle apporte de culture littéraire) et la connaissance parfaite de la langue française (si important pour celui qui voudrait se tailler une place dans la société mondaine). Plus tard Boursault devait souligner assez souvent ces deux carences et se dépeignait en petit provincial ne parlant que le seul patois champenois jusqu'à l'âge de dix ans. Par un effet de surcompensation, il devait s'intéresser particuliérement à l'Antiquité, et écrire des pièces comme *Germanicus* (1673) ou *Phaéton* (1691). En plus il s'efforçait de briller

(1) Pour sa biographie, les sources principales (à part ses lettres et préfaces) sont l'Avertissement des *Lettres nouvelles* dans l'édition de 1715 (Lyon) et l'Avertissement du *Théâtre* dans l'édition de 1725 (Paris). On trouvera des précisions dans Jal, *Dictionnaire critique de biographie*, Paris, 1872 et Lambert, *Histoire de Mussy-l'Evêque*, Chaumont, 1878. Les remarques de Saint-René Taillandier, *Etudes littéraires*, Paris, 1881 doivent être corrigées par la Notice de l'édition du *Théâtre choisi*, Paris, 1883 due à V. Fournel.

(2) "J'ai autrefois été à l'école (quoiqu'il ne paroisse guéres que j'y aye été)"; "Mon Pére [...] pour s'enrichir, fut long-tems guerrier, rôda par tout" — Boursault, *Lettres nouvelles*, Lyon, 1715, t. II, pp. 210, 282.

par l'élégance du style de son français et par un certain purisme (3).

Arrivé à Paris en 1651, peut-être sous la protection de Zamet, évêque de Langres, le jeune provincial se transforma assez rapidement en apprenti homme de lettres. Il évolue dans des milieux variés et quelque peu suspects — n'accepte-t-il pas comme 'père' le libertin Des Barreaux dont il célébrera "toute la tendresse & toute la bonté" (4)? Sans doute encouragé par lui, il hante les théâtres. Il est douteux qu'il ait composé des farces et des comédies dès l'âge de quinze ans (comme le veut son biographe de 1715), mais on peut supposer qu'il a commencé très tôt à écrire des vers. Comme tant d'autres, tel La Fontaine, il semble être attiré par la cour du surintendant Fouquet dont il gardera un souvenir ému. Après la disgrâce de celui-ci, le jeune Boursault doit chercher ailleurs son mécène et le trouve dans la personne du prince Louis de Condé et surtout en la duchesse d'Angoulême dont il deviendra le secrétaire autour de 1660. Sa première publication, une comédie intitulée *Le Mort vivant*, parut deux ans plus tard mais il est possible qu'il ait donné sa version de la farce du *Médecin volant* à l'Hôtel de Bourgogne en 1661. C'est autour de ces années qu'il faut placer le début des relations cordiales entre Boursault et Pierre Corneille, lui aussi naguère courtisan chez Fouquet et installé à Paris à partir de l'automne de 1662. Si Molière multiplie les piques contre les frères Corneille, ces derniers semblent avoir eu recours au talent dramatique de leur jeune protégé. Le fameux *Portrait du peintre ou Contre-critique de l'Ecole des femmes* s'insère dans la grande querelle de 1663 et inspire les remarques méprisantes de Molière dans l'*Impromptu*. Ecrivant en 1725, Hyacinthe Boursault laisse comprendre que son père remplit sa tâche à contre-cœur: "Ce fut pour obéïr à ceux qui l'y avoient engagé, & à qui il ne pouvoit rien refuser" (5). On peut penser au contraire que Boursault saisit l'occasion de s'affirmer, grisé par le sentiment d'être au cœur du monde littéraire. Mais, en attirant l'attention sur lui-même, il provoqua les contre-attaques des amis de Molière. Boileau, par exemple, mit son nom dans le catalogue des "froids rimeurs" de la Satire VII publiée en 1666. Quand il riposta par une comédie intitulée d'abord *La Critique des Satyres de Monsieur Boileau* (affichée en 1668), il se vit poursuivi en justice par l'écrivain satirique, qui fut responsable de l'interdiction de sa pièce (6).

---

(3) Il a même osé écrire à Bossuet pour lui signaler des défauts de style dans son *Histoire universelle* (1681). Après le succès d'*Esope* (1690), Thomas Corneille l'aurait engagé à se présenter à l'Académie française, en disant "Eh! qui sait mieux le français que vous!" Voir aussi les remarques (ajoutées en 1689) sur Capys dans les *Caractères* (I, 32) de La Bruyère.

(4) *Lettres nouvelles*, Paris, 1697, p 28.

(5) *Théâtre*, Paris, 1725, Avertissement, t. I, f. e 1, verso.

(6) L'ordonnance est reproduite dans P. Mélèse, *Le Théâtre et le public*, Paris, 1934, pp. 423–4. En dépit de ces disputes, ni l'un ni l'autre ne garda rancune en fin de compte. Selon son fils qui rapporte les propos de Boileau, "Boursault étoit le seul qu'il se repentoit d'avoir attaqué". Le biographe va peut-être trop loin en décrivant leur

Ces querelles littéraires, parfois violentes par leur ton, n'affectèrent pas la situation sociale de Boursault. Au contraire, tout lui sourit à la cour. Pour amuser sa protectrice et, avec elle, tout un cercle de princes et de princesses il produit alors une série de gazettes rimées (7) qui donnent un reflet des événements du jour, racontent des drôleries et lui permettent de montrer son esprit et son bon sens, le tout dans un style qui rappelle et prolonge la façon d'écrire de Marot et de Voiture. Il n'est pas exclu qu'il ait déjà songé à jouer lui-même les Esope, à "résumer son expérience du monde à la façon de l'esclave de Phrygie, [à] donner ses conseils sous forme d'apologues" (8). Le roi le gratifia d'une pension de 2000 livres en récompense de ce travail. Mais le confesseur de la reine, averti sans doute des attaches de Boursault dans le monde des libertins, fit un scandale autour d'un petit conte concernant un vieux capucin. Le poète de cour faillit finir à la Bastille et fut sauvé *in extremis* par un contre-ordre signé de la main même du roi. La faveur royale ne se démentit pas. Vers 1670 Boursault fut instamment prié de contribuer à l'éducation du Dauphin, ce qu'il fit par un ouvrage historique et morale, *La Véritable Etude des souverains* (1671) (9). Recommandé par le duc de Montausier (gouverneur du Dauphin) ou choisi par le roi, Boursault fut pressenti pour le poste de sous-précepteur et la composition de ce livre dut servir en quelque sorte d'examen d'entrée à la Maison du Dauphin. Malheureusement son manque de connaissance de la langue latine présenta un obstacle insurmontable et finalement ce fut Daniel Huet que l'on désigna à ce poste.

Ces années, marquées par une production littéraire non négligeable dans les domaines de la poésie de circonstance et la comédie (n'oublions pas *Les Nicandres ou les Frères gémeaux*, 1665), sont importantes aussi par rapport à la vie affective de Boursault que reflètent ses écrits en prose. Il est vraisemblable que son mariage avec Michelle Milley date d'environ 1666, c'est elle qui d'ailleurs veillera plus tard à la publication posthume d'*Esope à la cour* (1702). Au moins onze enfants naquirent de cette union, dans la maison familiale à Mussy ou, plus tard, à Paris. Mais juste avant ce mariage Edme aurait eu une ephémère relation amoureuse avec une jolie bourgeoise de dix-neuf ans qu'il appelle familièrement Babet. Voilà du moins ce qui ressort de la lecture d'un ouvrage en prose situé à mi-chemin entre le reportage autobiographique et la fiction sentimentale, les *Lettres à Babet* publiées pour la première

---

"étroite & tendre amitié, qui a duré toute leur vie".

(7) Ces textes sont réproduits dans Lambert, *Histoire de Mussy*.

(8) Saint-René Taillandier, p. 86. Il ne faut pas oublier non plus que, dans les éditions du 17e siècle, on associe Phèdre, le fabuliste latin, à la cour en le décrivant toujours comme "l'affranchi d'Auguste".

(9) Dans sa Préface, Boursault admet avec la franchise qui est la sienne que son livre n'est qu'une compilation; il déjoue ainsi des critiques éventuelles, car "les Juges de la Republique des Lettres [...] sont Gens terribles". La Bibliothèque Nationale possède (sous la cote Rés. *E. 562) l'exemplaire du Grand Dauphin — doré sur tranche et relié à ses armes.

fois en 1669. Ce roman par lettres constitue en effet "l'un des plus charmants duos d'amour que l'on puisse imaginer"(10). Mais c'est le romancier plus que l'épistolier qui se développe à cette période. Coup sur coup, en 1670, il publie *Artémise et Poliante, Le Marquis de Chavigny* (qui prend comme cadre les campagnes contemporaines contre les armées turques) et *Ne pas croire ce qu'on void.* Un peu plus tard en 1675 ce sera un autre roman, *Le Prince de Condé*, qui procurera à Boursault son premier succès européen car une traduction anglaise parut à Londres peu de temps après la publication de l'original à Paris. Si cette publication est exemplaire de son renom européen, Boursault jouissait déjà d'une certaine célébre en France, grâce aux premières pages d'*Artémise et Poliante.* Car, fervent admirateur de longue date de Corneille, il le défend contre Racine comme jadis il l'avait fait contre Molière. Et nous trouvons donc dans *Artémise et Poliante* un compte rendu malveillant de la première de *Britannicus* en décembre 1669. Boursault évoque d'une façon vivante et colorée l'attitude des deux rivaux présents dans la salle et, s'il loue le talent des acteurs, c'est pour mieux souligner toute la faiblesse du texte. Quelle perfidie alors dans la remarque de Corneille qui loua le *Germanicus* (1673) de Boursault en disant à l'Académie qu'il ne manquait à cette pièce que le nom de Racine!

Privé de sa pension royale à la suite du scandale autour des gazettes rimées, frustré dans l'espoir d'avoir un poste important à la cour, entouré d'une famille nombreuse, Boursault avait vraiment besoin d'une situation stable et bien rémunérée. Sa nomination aux environs de 1673 comme receveur de tailles à Montluçon dans le Bourbonnais pouvait laisser entrevoir des promesses d'un futur plus doré. En effet les officiers du fisc arrondissaient généralement leurs gages par divers moyens, mais les combines et la cruauté des finances n'attiraient pas du tout Boursault. Il refusa de s'installer définitivement à Montluçon et fit son métier à contrecœur. Le point de rupture survint en 1688. Il écrivit à son supérieur, le fermier général Lejariel, pour lui faire comprendre toute l'étendue de la détresse des pauvres taillables de la région. A ses questions angoissées sur la solution à adopter, Lejariel répondit dans la marge de sa lettre comme un mot de nature: "De l'argent!" Nous pouvons accepter la conclusion de Boursault lui-même — "Je fus révoqué, parce que je n'étois pas assez méchant"(11).

Pendant cette période toutefois il n'abandonna pas le théâtre qui lui servit de moyen d'évasion ou de distraction. Il s'aventure dans le domaine de la tragédie moderne avec *Marie Stuard* (1683). A la même époque il présente une comédie

(10) M. Lever, *Le Roman français au XVIIe siècle*, Paris, 1981, p. 227. Plus poétiquement, la comtesse de la Suze en admira "Les naïvetez enchantées" (voir l'Avertissement de 1725, f. i 5, recto). Consulter A. Pizzorusso, "Boursault et le roman par lettres", *R.H.L.* (1969), pp. 525–539.

(11) Avec une franchise qui est bien de lui, il raconta l'histoire au grand financier Samuel Bernard et inséra le texte de sa lettre à Lejariel — *Lettres nouvelles*, 2e édition, Paris, 1699/1700, t. II, p. 187.

résolument contemporaine, *Le Mercure galant* (intitulée aussi *La Comédie sans titre*). C'est sans doute la première apparition sur la scène de ce cadre souvent employé de nos jours, la salle de rédaction d'un journal. Le succès de la comédie ne plut pas au rédacteur en question, Donneau de Visé. Mais ses efforts pour faire interdire la pièce n'eurent pas d'effet.

Ne travaillant plus dans les finances, Boursault médita un retour en force dans le monde littéraire. Orienté peut-être par les conseils de son ami, l'acteur Raisin, il devait exploiter à la fois la fascination qu'exerçait sur lui la culture classique et l'intérêt qu'il portait à la société contemporaine. La comédie d'*Esope* (1690) concilia ces deux aspects: au prix d'une foule d'anachronismes, le dramaturge présenta une série amusante de 'caractères' de son siècle. Les spectateurs, prêts à accepter ce mélange chronologique, furent déroutés par la forme qui, elle, mélangeait la fable avec la poésie comique. Il sembla un moment que la pièce allait sombrer, mais finalement on prit goût à sa nouveauté et ce fut le triomphe. Grâce à ses parts d'auteur, Boursault amasse une petite fortune. Rien d'éphémère dans cette réussite — la pièce va rester dans le répertoire jusque tard dans le dix-huitième siècle. Bientôt le succès devient européen. A Londres, la pièce dans la traduction due à Sir John Vanbrugh est jouée en 1697; elle aussi se maintiendra dans le répertoire anglais et le texte imprimé sera bien souvent réédité. Naturellement Boursault songe à tirer parti de l'engouement du public mais il meurt en 1701 avant les premières représentations d'*Esope à la cour* (joué en 1701, imprimé en 1702).

Ces moments glorieux de la fin de sa vie furent toutefois un peu assombris par une nouvelle querelle littéraire. Sans penser à mal, conseillé peut-être par son fils, religieux théatin, voulant justifier une fois pour toutes la valeur morale de ce qui était au centre de ses intérêts créateurs, Boursault mit comme préliminaire à l'édition collective de son théâtre, publié en 1694, une *Lettre d'un Théologien illustre par sa qualité et par son mérite, consulté par l'Auteur pour sçavoir si la Comedie peut être permise, ou doit être absolument défendue*(12). La thèse affirmative de cette Lettre provoqua une réaction violente. Le Père Caffaro, supérieur des théatins et auteur présumé du texte, dut essuyer les foudres de la Sorbonne, de l'archevêque de Paris et, surtout, de Bossuet. De tous côtés on mit en doute le rôle de Boursault et même sa bonne foi. Il est néanmoins remarquable que, dans ses *Maximes et réflexions sur la comédie* (1694), Bossuet qui fustige impitoyablement des auteurs comme Molière offre en guise de conclusion une sorte d'approbation accordée implicitement à Boursault: "Pour ceux qui voudraient de bonne foi qu'on réformât à fond la comédie, pour, à l'exemple des sages païens, y ménager à la faveur du plaisir des exemples et des instructions sérieuses pour les rois et pour les peuples, je ne puis blâmer leur

---

(12) Certains exemplaires de cette édition n'ont pas la Lettre. Etant donné que la Lettre est toujours réimprimée dans les éditions suivantes, il semblerait qu'elle a dû être insérée en cours d'impression, ajoutée après coup.

intention"(13). Cette bénédiction octroyée par l'évêque de Meaux à celui qui fut le 'fils spirituel' de Des Barreaux symbolise bien tout le paradoxe de la vie d'Edme Boursault.

ESOPE

Parmi les 'sages païens' dont Bossuet recommandait l'exemple, le fabuliste Esope doit occuper un rang élevé bien que souvent contesté. Personnage mystérieux — a-t-il réellement existé? — cet esclave philosophe prête à toutes sortes d'interprétations.

Sa première apparition dans les incunables de la Renaissance(14) le présente comme le type même de la laideur: il "estoyt entre tous les hommes difforme, car il avoyt une grosse teste, grant visaige, longues joues, les yeux agus, le col brief, bosse et grosse pance, grosses jambes et larges piedz"(15). Cette difformité semble être pourtant une caractéristique inventée par le moine érudit de Byzance, Maxime Planude (mort vers 1310) dont la *Vie d'Esope* commence justement par cette description(16). Sa *Vie* souligne encore d'autres éléments négatifs. Dans la première partie (I–XVIII) nous voyons surtout l'esclave, vendu et acheté par divers maîtres, qui essaie d'échapper aux rigueurs de sa condition par la ruse et la bouffonnerie. Esope est essentiellement un être inférieur en révolte. Dans la seconde partie (XIX–XXVIII), au contraire, Esope libéré par son maître Xanthus, fraie avec des rois — ceux de Lydie, d'Egypte ou bien de Babylone. Il symbolise alors un franc-parler souvent imprudent et qui le mènera d'ailleurs à sa mort, assassiné par les habitants de Delphes qu'il avait critiqués. Cet Esope grotesque, esclave rusé et bouffon impudent(17), figure presque partout dans les gravures qui ornent les

(13) Bossuet, *Maximes* dans C. Urbain & E. Levesque, *L'Eglise et le théâtre*, Paris, 1930, p. 275.

(14) En Italie, en Allemagne, en France, en Angleterre (par Caxton), les fables d'Esope furent parmi les tout premiers textes imprimés.

(15) J. Macho, *Le Livre des subtilles hystoires et fables de Esope* (1486), ed. B. Hecker, Hambourg, 1982, p. 1.

(16) A en juger d'après l'*Anthologie grecque*, la statue ancienne d'Esope érigée à Athènes ne présentait pas cet aspect grotesque. Les incohérences, les absurdités et les erreurs historiques contenues dans la Vie planudéenne ont été relevées au 17e siècle par Méziriac, consulté par le traducteur P. Millot. Sa *Vie d'Æsope, tirée des anciens Autheurs*, est publiée en appendice dans P. Millot, *Les Fables d'Æsope, traduites fidelement du grec*, Bourg-en-Bresse, 1646. Cette édition (dont on trouve un exemplaire dans la British Library à Londres) était devenue extrêmement rare déjà à l'époque de Bayle qui en parle sans avoir pu la trouver d'abord. Dans son *Dictionnaire historique et critique* (1696–7) il essaya d'établir une biographie plus vraisemblable.

(17) Méziriac constate avec déplaisir que si l'on accepte les détails donnés par Planude, il

éditions des fables imprimées aux 16e et 17e siècles. Le pittoresque de l'image attire les artistes. C'est l'idée qui vient immédiatement à l'esprit des lecteurs aussi: "Je gage quand tu venois à penser à ce nom d'Esope que tu ne considerois qu'une personne en toutes sortes contrefaite, et mise en avant pour faire rire le monde: et quant au mot de fable, tu ne l'as entendu que pour mensonges et absurditez"(18). De là à faire d'Esope un clown dont les pitreries peuvent amuser seuls les petits enfants il n'y a qu'un pas qu'il serait hasardeux de franchir.

Mais si nous consultons les *Images* de Philostrate (qui vivait autour de l'an 200 apr. J.-C.), nous sommes en présence d'un personnage tout à fait autre(19). Placé sur un monticule ombragé, vêtu d'une robe presque sacerdotale, couronné de laurier, Esope indique d'un geste hiératique ses animaux qui dansent une ronde. C'est le prêtre de la Nature, qui fuit les hommes pour retrouver dans le règne animal la véritable vertu. Si l'on rit de lui — sage et victorieux, selon Philostrate — on se condamne soi-même; comme le souligne la légende de la planche:

Demande: Mais quelle invention qu'il faille que la beste
Te couronne la teste?
Réponse: C'est que l'homme brutal n'ayme que le flatteur
Et hayt son bien-faicteur.

Ce philosophe peut nous transmettre des enseignements tirés de l'expérience pratique mais ils sont orientés vers le mieux-être moral et spirituel de l'humanité. Selon Philostrate toujours — mais cette fois dans sa *Vie d'Apollonios de Tyane* (V) — loin d'écrire des niaiseries pour enfants et nourrices, Esope dépasse de loin les grands poètes en s'attachant à la vérité et aux valeurs morales. Dans cette perspective Esope a certainement un rôle important à jouer auprès des enfants, mais c'est un rôle des plus sérieux — il doit les initier aux devoirs de la vie. Dans tout système d'éducation bien ordonné il aura donc sa place, non seulement pour enseigner comment s'exprimer(20) mais aussi, et surtout, comment vivre. A l'époque moderne, les Jésuites surent bientôt reconnaître l'apport solide des fables(21) et un professeur

faut "s'imaginer qu'Æsope estoit un plaisant bouffon, plustost qu'un grave & serieux Philosophe" (p. 289).

(18) Anon., *La Vie et fables d'Esope Phrygien, traduites de nouveau en Françoys, selon la verité Græcque*, Paris, 1547, Préface.

(19) Voir, par exemple, dans l'édition in-folio de Paris, 1614, la planche de la page 18. L'image correspond assez bien à l'observation de Le Maistre de Sacy, "on a creu autrefois qu'Esope avoit esté inspiré par un Dieu pour composer [ses fables]" — *Les Fables de Phèdre*, Paris, 1647, f. a 3 recto.

(20) Comme le veut Quintilien dans son *Institution oratoire*, I, ix.

(21) On trouve, par exemple, l'édition *Æsopi Phrygis fabulæ selectæ ad usum gymnasiorum Societatis Jesu*, Rome, 1608.

comme Jean Meslier souligne cet aspect dans son style baroque:

> En nostre France Esope fait la mesme courtoisie aux petits Sacristains des Muses qui tirent païs en Grece, car il vous les prend par la main, & les meine dans un bocage verdoyant qu'il a planté luy mesme, où les grenadiers, le plaisir de la chasse, les gazoüillis des ruisseaux[...] contribuent à un festin delicieux qu'il leur fait. Et non content de cela, il se donne à eux pour guide de leur chemin la meilleure qu'ils puissent avoir(22).

Précepteur pour ceux qui ne font qu'entrer dans le monde moral, Esope peut servir de maître à penser pour tous ceux qu'y sont engagés. Ce theme de la laideur réapparaît maintenant mais avec une signification totalement changée. On assimile Esope à Socrate, laid lui aussi mais proclamé par l'oracle de Delphes comme étant le plus sage des mortels. Et le lien entre les deux semble avoir un fondement historique. Dans le *Phédon* de Platon nous assistons aux derniers moments de Socrate qui, inspiré par une vision, se met à composer des poèmes, commence par un hymne à Apollon et veut ensuite mettre en vers des fables d'Esope. Choisi par le plus sage des Grecs au moment le plus important de sa vie, Esope se manifeste comme la sagesse voilée et énigmatique. En sa propre personne il incarne ce divorce entre le physique et le spirituel, entre l'apparence et la réalité.

> Son corps est esclave d'un maistre; mais son ame est libre et Reyne de ses passions, & quelque laid que soit son visage, son esprit est pourtant extrément beau. Si l'un le peut rendre ridicule & desagreable aux yeux du peuple; l'autre en recompense luy peut acquerir la bien-veillance & l'estime des sages(23)

Un tel moraliste, associé à Socrate par Platon, a tout à fait le droit d'être rapproché par Plutarque du grand législateur de la cité d'Athènes, Solon. Dans sa *Vie de Solon* il dépeint la rencontre à la cour de Crésus, à Sardes, du fabuliste

---

(22) J. Meslier, *Æsopi fabulæ gallicæ, latinæ, græcæ. Liber pueris linguam Græcam capessentibus utilis, facilis atque iucundus*, Paris, 1629.

(23) J. Baudouin, *Les Fables d'Esope Phrygien*, Rouen, 1660 - Epître dédicatoire. La première édition date de 1631. En ce qui concerne Socrate, Rabelais a bien rendu ce contraste dans le Prologue de *Gargantua* (1534): "L'estimans par l'exteriore apparence, n'en eussiez donne un coupeau d'oignon, tant laid il estoit de corps et ridicule en son maintien [...] tousjours riant [...] tousjours dissimulant son divin sçavoir." La Fontaine donne une paraphrase du récit de Platon dans la Préface de ses *Fables*.

et du législateur. Le roi orgueilleux vient de rejeter avec colère la mise en garde contre l'arrogance prononcée par Solon. Profondément affligé par l'humiliation du sage grec, Esope lui déclare non sans ironie: "Il faut que nos rapports avec les rois soient aussi rares que possible ou bien aussi agréables que possible." Toujours selon Plutarque, le roi Crésus aurait invité Esope en Lydie et l'aurait traité avec beaucoup de considération(24). Développé par Planude de la façon romanesque qui lui est familière, l'aspect politique de l'image d'Esope prend de plus en plus d'importance. D'ailleurs, cet aspect découle assez naturellement de la sagesse pratique du fabuliste. S'il se réfugie dans le domaine des animaux, c'est pour mieux comprendre et mieux organiser la cité des hommes. Cette vocation du fabuliste sera soulignée particulièrement en France au 17e siècle. On commence à éditer les fables accompagnées chacune d'un discours plus ou moins long qui en explique le contenu politique. Les titres de quelques publications de cette époque sont significatifs à cet égard: *Les Fables d'Esope ou Instructions morales et politiques* (Osmont, 1630), *Les Fables d'Esope Phrygien. Traduction nouvelle. Illustrée de Discours Moraux, Philosophiques et Politiques* (Baudouin, 1631), *Fables héroïques, comprenans les veritables maximes de la politique et de la morale* (Audin, 1648). Chez Audin la déclaration de principe est claire:

> Les ignorans ne laisseront pas de croire, que l'incomparable Esope n'a inventé les Fables, que pour faire taire les Enfans, quand ils pleurent [...] Et neantmoins la vraye Politique s'y voit honorablement establie [...] La charge du Prince, le devoir du Peuple, le bon-heur de la Republique s'y font remarquer avec respect, & admirer de tous ceux qui en conservent les moindres idées(25).

Dans ce contexte il devient possible de réinterpréter l'effet de l'esclavage d'Esope. Comme le suggéra le Père Vavasseur, l'origine du genre des fables se trouverait peut-être dans le désir naturel des classes opprimées à s'exprimer librement et à se venger de leurs souffrances sur ceux qui les exploitent. Ensuite, et plus généralement, la fable serait adoptée comme la forme appropriée à toute remontrance adressée à un supérieur par un inférieur(26). Pour certains lecteurs, en effet, c'est le philosophe

(24) Dans son petit traité "De la vengeance divine" dans les *Moralia*, Plutarque suggère en plus qu'Esope servit d'ambassadeur de Crésus au temple de Delphes et y apporta une offrande importante en or monnayé. Méziriac et Bayle ajoutent foi au témoignage de Plutarque sur les rapports entre Crésus et Esope. De nos jours la critique le rejette: voir, par exemple, les remarques d'E. Chambry dans Esope, *Fables*, Paris, 1967, p. XIV.

(25) M. Audin, *Fables héroïques*, Paris, 1660, Apologie en faveur des Fables.

(26) "Cupiditas igitur ulciscendi sui, perstringendi alterius, loquendi quod sentias & quod velis, solertes & callidas apologorum narrationes peperit primum & procreavit. [...]

politique qui prime chez Esope. Le Père Le Bossu poussa cette interprétation jusqu'à ses plus extrêmes limites, du fait qu'il ne voit aucune différence essentielle entre Homère et Esope, du moins du point de vue de la signification de leurs ouvrages:

> Je dis donc premiérement, que la vérité morale, & l'instruction est visiblement la même en [la Fable de l'*Iliade*] & en [celle d'Esope]. Esope & Homére ont voulu enseigner, que la mauvaise intelligence entre ceux d'un même parti les expose aux insultes de leurs Ennemis, & les perd; & que la concorde les conserve & les rend victorieux. [...] Il importe peu pour la nature de la Fable, que l'on prenne des noms de Bêtes ou des noms d'Hommes(27).

La politique liée à la satire attire d'autres lecteurs à suivre l'exemple d'Esope. N'oublions pas que La Fontaine envisage la fonction du fabuliste à peu près de cette manière(28). Il y a aussi vers la fin du 17e siècle le polygraphe Eustache Lenoble (qui s'attaquera à Boursault dans sa Parodie d'*Esope* écrite pour le Théâtre Italian en 1692). Il produit chaque mois un pamphlet dirigé contre l'Angleterre ou contre les autres ennemis de la France. Sous la forme d'un dialogue amplement illustré par des apologues, il révèle les machinations du roi Guillaume et de ses alliés et il vante la puissance et la justice du règne de Louis le Grand. Il nous présente Esope lui-même qui insiste sur la valeur de la fable quand Mercure affecte de la mépriser:

Sed ut a servis inventus iste sermo est ad vindictam mali, & propter privatam necessitatem suam: sic publicæ utilitatis causa retentus est a sapientibus. Intellexit enim consecuta posteritas, neque decentius ac minus odiose ab inferioribus posse admoneri superiores." Le P. F. Vavasseur, *De ludicra dictione liber in quo tota iocandi ratio ex veterum scriptis æstimatur*, Paris, 1658, pp. 201, 202.

(27) Le P. Le Bossu, *Traité du poëme épique*, La Haye, 1714, pp. 37, 38. La première édition de cet ouvrage date de 1675. Déjà en 1668, au commencement de sa *Vie d'Esope le Phrygien*, La Fontaine avait emprunté cette comparaison à la Vie préparée par Méziriac et avait présenté Homère et Esope comme les "deux personnages qui ont le mieux mérité des siècles suivants". Il faut noter pourtant qu'il avait négligé ensuite tout le reste de l'œuvre de Méziriac pour suivre assez fidèlement la Vie planudéenne, tout en sachant fort bien que c'est un roman et non un récit historique. En 1683, Fontenelle reprit la comparaison entre Homère et Esope. Il adopta un ton ironique pour attaquer les excès de l'interprétation allégorique. Néanmoins il semble adresser un beau compliment au fabuliste: "Il faut que vous ayiez beaucoup d'art, pour déguiser ainsi en petits contes les instructions les plus importantes que la morale puisse donner". *Dialogue des morts* (1683), V: Homère et Esope.

(28) Voir G. Couton, *La Politique de La Fontaine*, Paris, 1959.

Appelles-tu des contes bleus le sens mystique de mes Apologues? Sçache que ce sont des leçons à graver en lettres d'or, non-seulement dans les études des enfans, mais dans les cabinets des plus grands Princes(29)

Cependant, à cette époque, le plus grand succès d'Esope en tant qu'homme politique se voit en Angleterre. Suivant la ligne politique établie par Lenoble et exaltant avec discrétion la monarchie absolue, maintenant bannie de son propre pays, également encouragé sans doute par la réussite en 1690 de l'*Esope* de Boursault, Sir Roger l'Estrange édita en 1692 un recueil des *Fables of Æsop and other Eminent Mythologists* qui resta longtemps très populaire. Une nouvelle impulsion fut donnée à ce développement par la traduction de la comédie française par Sir John Vanbrugh dont l'*Æsop* triompha à Londres en 1697. A partir de 1698 des ouvrages se succèdent qui nous montrent Esope en tournée d'inspection, en Angleterre ou ailleurs en Europe, utilisant ses contes d'animaux pour mettre en ordre tout ce qui va de travers dans l'Etat — comme on remarqua avec un peu d'étonnement: "It is now the Mode, it seems, for Brutes to turn Politicians". C'est ainsi que nous assistons aux voyages d'Esope réformateur — *Æsop the Wanderer, Æsop at Amsterdam, Æsop in Portugal* et à son retour en Angleterre — *Old Æsop at Whitehall, Æsop at Court or State Fables*(30).

Esope à la cour sera le titre de la dernière comédie de Boursault, publiée en 1702. Mais Esope déguisé en courtisan fit son apparition en France bien avant cette date. C'est en un sens l'avatar le plus surprenant de ce personnage multiple. Bien sûr, l'histoire d'Esope invité à la cour du roi Crésus est parmi les plus connues, mais on le considère normalement comme un personnage qui détonne et qui veut détonner dans ce milieu. Mlle de Scudéry, au contraire, sut l'apprivoiser. Pour la société polie et galante des salons où elle espère trouver la majeure partie de ses lecteurs, elle crée un Esope galant, un Esope honnête homme. Dans les quatrième et cinquième Parties d'*Artamène ou le grand Cyrus* elle raconte les campagnes de Cyrus contre le royaume de Lydie et, finalement, la destruction de Sardes par l'armée perse. Mais les beaux jours de la cour lydienne s'honorent de la présence d'Esope

---

(29) E. Lenoble, *La Pierre de touche politique. Janvier 1691. Les Estrennes d'Esope*, p. 5. "Le plus grand Prince" l'avait déjà fait! Non dans les salons, mais dans les jardins de Versailles ... "Le Roy ayant choisi quelques-unes des Fables d'Esope pour orner le Laybrinthe de Versailles, a voulu qu'au lieu d'inscription en prose l'on y mît quatre Vers à chacune pour les expliquer". Ce fut Benserade qui en eut la responsabilité; il nous donne cette explication dans ses *Fables d'Esope en quatrains dont il y en a une partie au Labyrinte de Versailles*, Paris, 1678.

(30) Pour une vue d'ensemble de cette littérature, voir S. H. Daniel, "Political and philosophical uses of Fables in Eighteenth-century England", *The Eighteenth Century*, 23 (1982), pp. 151–171.

ainsi que de celle de Solon(31). Bien que la romancière évoque l'aspect grave des fables "qui cachent une Morale si solide & si serieuse, sous des inventions naïves & enjoüées", elle met l'accent plutôt sur ce qui nous semble être par contraste assez superficiel. Elle développe le récit de Plutarque avec une certaine vraisemblance et invente l'hypothèse d'un Esope historien qui aurait écrit à Sardes "toute l'Histoire de la Cour qu'il avoit faite en Fables, aussi bien qu'il a composé une Morale de cette espece". Mais de quel genre d'histoire s'agit-il au juste? Selon le texte de Mlle de Scudéry, "elle contient tous les intrigues & toute la galanterie de la Cour": serait-ce une chronique scandaleuse ou bien l'histoire sentimentale de la cour? Esope, en effet, se laisse entraîner, "luy qui est le plus sociable & le plus agreable de tous les hommes", dans les complications des affaires de cœur des courtisans. Sur ce sujet il accept de composer une fable galante et on évoque "son amour pour cette belle Esclave, qui se nomme Rhodope, & qui servoit chez le philosophe Xanthus, du temps qu'il y demeuroit aussi". Il est évident qu'il se sent tout à fait à l'aise à la cour. Il apparaît comme un habitué des salons qui veut bien subordonner ses intérêts sérieux au culte de la femme tel qu'il est célébré dans le roman héroïque, par Mlle de Scudéry précisément:

> Enfin Seigneur, dit-il en riant, croyez je vous en prie, que m'estant donné la peine de connoistre avec tant de soing, jusques au naturel des Renards, des Tigres, des Ours, & des Lions; je ne suis pas absolument ignorant en la phisionomie des belles Personnes; qui sont plus agreables à regarder que toutes ces bestes sauvages.

Cet Esope galant, la coqueluche des dames, comme il paraît loin du monstre bossu de la légende byzantine!

LA PIECE

> Je vous ay dit bien des fois, Monsieur, & je ne me lasseray jamais de vous le redire, que rien n'est plus instructif que les Fables; & qu'Esope a été l'un des plus droits & plus judicieux hommes du Monde. [...] S'il étoit né sept ou huit cens ans plus tard, je ne doute point que nôtre Religion n'en eût fait un Saint. [...] Je croy qu'on ne peut faire un faux pas dans le sentier

(31) Mlle de Scudéry, *Artamène ou le grand Cyrus, Quatriesme Partie*, Leyde/Paris, 1656, pp. 72–110.

qu'il nous trace; & qu'il est impossible d'en sortir sans s'égarer(32).

Ce jugement sur la droiture et la valeur morale d'Esope, Boursault aura tout le loisir de le méditer quand il reviendra à Mussy en 1688 pour rejoindre sa femme et ses enfants après avoir été révoqué de ses fonctions dans les finances pour manque de dureté. Peu de temps après, cédant une fois de plus à l'attrait du théâtre, il propose aux Comédiens Français un nouveau sujet comique axé sur le personnage d'Esope.

Le choix d'un tel sujet, mis à part les raisons personnelles et une certaine soif de vengeance, s'explique par des considérations littéraires. Grâce à La Fontaine surtout, les fables d'Esope étaient restées en vogue avec un immense succès d'édition: dans les années 1680 nous avons au moins six éditions des *Fables choisies mises en vers* de La Fontaine avec deux éditions des *Fables d'Esope* en prose de Baudouin, sans compter deux recueils anonymes de *Fables nouvelles en vers*, attribués à Daubanne (1685) et à la Barre (1687). La nouveauté — si chère aux spectateurs comme aux acteurs et à Boursault lui-même — serait d'exploiter ce succès durable des fables, mais sur la scène ... Il n'est pas exclu que l'acteur Raisin cadet, son ami intime, ne soit à l'origine de cette idée, car il avait un talent remarquable pour réciter un conte et aimait suggérer des sujets aux auteurs de l'époque(33). C'est lui peut-être qui l'aurait incité à émailler le texte de fables en vers et à aller plus loin que la comédie simplement biographique(34).

Dans une lettre Boursault a décrit son état d'esprit au moment de procéder à la composition de l'*Esope* "qu' [il a] promis":

> Cependant, je n'ay encore rien fait: mais je commence aujourd'huy à invoquer les Muses; & demain je me mettray en train si elles veuillent m'être favorables. [...] Je me proméneray dans les endroits moins fréquentez, de peur qu'on ne voye les contorsions que je fais quand je suis dans la fureur de l'entousiasme(35).

---

(32) Lettre à M. Baudrand, ancien curé de Saint-Sulpice, publiée dans Boursault, *Lettres nouvelles*, Paris, 1697, pp. 292–3.

(33) Voir les frères Parfaict, *Histoire du théâtre françois*, Paris, 1748, t. XIII, pp. 307–308.

(34) Néanmoins pour la Comédie Française (comme son Registre en fait foi) et pour l'auteur la pièce s'intitule *Esope*, et non *Les Fables d'Esope*. Ce dernier titre n'apparaît qu'avec l'édition imprimée et commémore ce qui avait le plus frappé le public; d'ailleurs, là aussi, on trouve un faux-titre qui donne simplement *Esope*. La pièce recevra son troisième titre après 1701 et deviendra alors *Esope à la ville* pour la distinguer de la dernière comédie de Boursault, *Esope à la cour*.

(35) Lettre à dater de l'automne de 1688, adressée à M. P***, dans *Lettres nouvelles* (1697),

En dépit de la paresse qui lui était habituelle(36), le progrès a dû être assez rapide: Boursault avait une certaine facilité pour composer des vers et en plus une bonne connaissance pratique du théâtre. D'ailleurs, déjà à l'époque des gazettes rimées autour de 1666, il avait composé des fables en vers et tout au long de sa carrière d'épistolier il insère des fables dans les lettres qu'il écrit. Pas plus tard qu'à l'automne de 1689 sa comédie fut achevée et il lui fallut affronter les réactions de ses amis, les Comédiens Français, qui, plus tard, en 1694, seront les dédicataires de *Phaéton*, l'auteur rappelant "les aplaudissemens que vous lui donnâtes à la lecture que je vous en fis". Même si les acteurs avaient applaudi également la lecture d'*Esope*, des problèmes ne tardèrent pas à se manifester. Certains comédiens — Raisin, qui doit jouer le rôle d'Esope, est-il de ce nombre? — s'alarmèrent des implications politiques de la discussion concernant la fable de l'*Estomac et des membres* (scènes v de l'acte II): "La matiére paroît si délicate à ces Messieurs qu'ils n'osent s'exposer à la mettre au jour sans permission". Pour trancher cette sorte de différend entre auteur et acteurs, le Premier Gentilhomme de la Chambre, en l'occurrence le duc d'Aumont représentait l'autorité compétente. Trois jours avant la première de la pièce, le duc d'Aumont communiqua à Boursault son approbation quant à la scène incriminée, n'y ayant "rien trouvé qui ne soit dans l'ordre". Il ajouta même avec bonté, "Je souhaite qu'elle ait tout le succés que vous en pouvez esperer. Je n'en doute point, puis qu'elle est de vous"(37).

La première représentation d'*Esope* eut lieu le mercredi 18 janvier 1690. En dépit de l'approbation du duc d'Aumont, le texte de la scène v de l'acte II avait été légèrement retouché par l'auteur afin de minimiser toute possibilité de scandale. Payant les prix doubles qui étaient d'usage pendant les représentations initiales, les spectateurs furent au nombre de 515(38). Ce fut un succès raisonnable, sans plus, comme l'admet lui-même Boursault, "les Fables qui en font la beauté [...] ne furent pas du goût de bien du Monde [...] quoi-que Raisin, qui fait toûjours bien, fist mieux

---

p. 228. Son 'entousiasme' ressemble à l'attitude de Boileau dècrite dans son Epître XI (1695), 15–22!

(36) Raisin lui écrit dans d'autres circonstances: "Sur tout, un peu plus de diligence que vous n'avez coûtume d'en avoir". *Lettres nouvelles* (1697), p. 263.

(37) La correspondance entre Boursault et le duc d'Aumont est reproduite dans *Lettres nouvelles* (1697), pp. 238–246. Ailleurs dans ce même recueil (p. 273) nous trouvons la mise en garde envoyée par l'auteur à un apprenti dramaturge sur le sujet du caractère peu commode des Comédiens: "A peine vous laisseroient-ils lire un Acte entier sans vous faire je ne sçay combien d'objections, à quoy il vous seroit impossible de répondre".

(38) D'après le Registre de la Comédie Française, la part d'acteur monta à 28 livres 18 sols. Boursault toucha deux parts d'auteur, soit 90 l. 18 s. A titre de comparaison, un mois auparavant, la première du *Débauché* de Baron avait produit une part d'acteur de 62 l.

Esope qu'Esope ne l'auroit pû faire luy-même"(39). Le public s'attendait à une comédie biographique et fut dérouté par l'emploi des fables à des fins dramatiques, "car cette Piece n'avoit été promise que sous le nom d'Esope" (Préface, 111–112). Selon les frères Parfaict, Mlle Beauval (qui jouait presque certainement le rôle de la servante Doris), observant des auditeurs "qui marquerent leurs sentimens par quelques baillemens [...] s'avança au bord du Théâtre, & s'adressant à l'Assemblée, elle lui dit: Qu'en mettant Esope sur la scene, on devait s'attendre à lui voir dire des Fables. Ce petit discours apaisa les plus critiques"(40).

Mais les esprits chagrins boudèrent la pièce. Il n'y eut que 372 spectateurs à la deuxième représentation et moins encore (188 plus une loge) à la troisième. L'auteur dut contre-attaquer: il ajouta le Prologue(41)(il y insére une fable de plus!) dans lequel il lança un appel au public pour obtenir un peu de justice pour sa comédie — "Pesez-en le merite en Juges équitables" (Prologue, 44). Estimant que la situation était susceptible de se dégrader encore plus, il écrit pour la quatrième représentation un autre appel, confié à Raisin et destiné à être lancé pendant l'entracte entre les actes II et III. La quatrième représentation du dimanche 22 janvier fut plus fructueuse — "On ne fut, grace au Ciel, obligé de dire ni l'Apostrophe ni la Fable: il y eut tant de Monde [536 spectateurs] à cette quatriéme Representation, & l'Applaudissement fut si général que nous fûmes au moins aussi contens des Auditeurs qu'ils le furent de nous". Les sept représentations suivantes n'eurent pas une assistance aussi nombreuse(42).

Le tournant dècisif survint au commencement du mois de février. D'abord, le vendredi 3 février, il y eut une visite à Versailles pour jouer *Esope* à la cour(43). Ensuite, le samédi 11 février, on revint aux prix ordinaires. C'était le moment que le grand public attendait. L'assistance atteignit ce soir-là 1094 spectateurs et ce niveau sera maintenu au cours de la semaine qui suivit(44) pour parvenir enfin au nombre record de 1300 personnes, dimanche le 19 février(45). Les onze représentations

---

(39) Ecrivant à sa femme au début de mars 1690, il fait un petit reportage sur tous ces événements - *Lettres nouvelles* (1697), pp. 255–259.

(40) Parfaict, *Histoire du Théatre François*, t. XIII, pp. 156–7.

(41) Ce qu'on peut conclure du fait que, le soir de la troisième, le premier paiement est fait "Au petit du perier qui a Joué un prologue".

(42) Respectivement 307, 276, 247, 397 plus une loge, 422 plus 3 loges, 389 plus 4 loges, 216 spectateurs.

(43) Le Registre de la Comédie Française donne la liste des acteurs et actrices intéressés. A partir du 5 avril 1690 il donne aussi cette liste pour chaque représentation à Paris.

(44) Respectivement 1049 plus une loge, 1112 plus une loge, 1057.

(45) On a estimé que la salle du Palais-Royal au temps de Molière pouvait contenir un maximum de 1048 personnes — voir W. D. Howarth, *Molière, A Playwright and his Audience*, Cambridge, 1982, p. 34. La nouvelle salle, rue des Fossés Saint-Germain-des-Prés, inaugurée le 18 avril 1689, était sensiblement plus spacieuse.

jusqu'à la fermeture du théâtre pour Pâques furent bien suivies(46). N'ayant plus à défendre sa pièce, Boursault changea de tactique. Il voulut mettre à profit le goût du public pour certaines des scènes en particulier. Le Registre rapporte donc que le 3 mars on joua pour la première fois deux scènes nouvelles. Nous pouvons conjecturer qu'il s'agissait de la deuxième scène des paysans (V, iii) et, sous toutes réserves, de la scène de M. Furet (IV, v). En effet, le texte avait déjà été mis sous presse et il était sans doute plus difficile de remanier la première partie de la pièce.

Après la trêve pascale, *Esope* se maintient à l'affiche avec un succès non négligeable (devant un public généralement d'environ 500 personnes). Avant la fin de l'année 1690 *Esope* fut joué au moins quarante-quatre fois, avec une représentation en visite à la cour(47). Dans le courant de 1691 on le reprit de temps en temps, notamment en visite à Fontainebleau le 23 septembre.

Le revirement d'opinion au sujet d'*Esope* est remarquable. On peut l'expliquer par la nouveauté de la comédie ou, plus exactement, par le renouvellement du genre comique opéré par Boursault qui modifie sans cesse les éléments traditionnels qu'il a adoptés.

Induit en erreur par le premier titre de la pièce, le public s'attendait à une comédie tournant autour du personnage d'Esope ou, dans les termes mêmes de l'auteur, à "une Comedie ordinaire qui d'intrigue en intrigue & à la faveur de quelques plaisanteries va insensiblement à la fin de son sujet" (Préface, 108–9). Utilisant un personnage considéré comme historique, Boursault aurait pu présenter un épisode connu de sa vie (pris soit dans la version colorée de Planude, soit dans celle, plus exacte, de Méziriac). L'aventure galante entre Esope et Rhodope (dont Mlle de Scudéry avait fait mention) aurait pu être une source puissante de comédie

(46) Respectivement 941, 904, 749, 727, 761, 960 plus trois loges, 1225 plus une loge, 1004, 937 plus une loge, 629 plus une loge, 933 plus deux loges. Vanbrugh donna plus tard une description imagée mais inexacte de ces événements: "The first day it appear'd, 'twas routed (People seldom being fond of what they don't understand, their own sweet Persons excepted). The second (by the help of some bold Knight Errants) it rally'd. The third it advanc'd, the fourth it gave a vigorous Attaque, and the fifth put all the Feathers in Town to the scamper; pursuing 'em on to the fourteenth, and then they cry'd out, Quarter." *Æsop* (1697), Preface.

(47) Dans la lettre à sa femme Boursault donne un chiffre rond de 1000 écus (moins cinq pistoles) pour le montant global de ses parts d'auteur jusqu'au début mars 1690. En fait, d'après le Registre, il a gagné jusqu'à Pâques la somme de 2755 l. 4 s. (non de 2052 l. 3s., comme dans les Parfaict, t. XIII, p. 160). Les parts d'auteur cessent après le 31 mai 1690. Au total, jusqu'à cette date, il a gagné 3225 l. 7s. Dans sa lettre Boursault avait montré un peu trop d'optimisme: "A veuë de pais [les parts] iront à prés de quatre mille livres". Voir aussi J. Lough, *Seventeenth-Century French Drama : the Background*, Oxford, 1979, pp. 47–48 et H. Carrington Lancaster, *French Dramatic Literature in the 17th Century*, Baltimore, 1940, IV, ii, pp. 836, 862 n. 6.

absurde avec Esope en butte au ridicule(48). Mais justement, pour Boursault, l'esclave philosophe n'est pas un personnage grotesque. Loin d'être la cible de la satire, Esope se révèle ici comme un homme fort qui peut se permettre de se moquer de tout le monde et dont la situation sociale (en tant que ministre du roi Crésus) va de pair avec son caractère. De cette façon le dramaturge prend le contre-pied de l'image planudéenne d'un pauvre bouffon, image toujours acceptée par le grand public comme la vérité historique. Mais, en même temps, Boursault va surprendre les érudits car son Esope n'est pas non plus le philosophe mystique cher à Socrate ou à Philostrate. Dans sa comédie le fabuliste montre un esprit terre-à-terre: il appartient pleinement à ce monde qu'il traite avec un bon sens un peu rude.

N'abordant pas son sujet du point de vue biographique, Boursault a recours une fois de plus à une structure dramatique qui lui est familière (et qu'il a puisée sans doute dans *Les Visionnaires* (1637) de Desmarets de Saint-Sorlin ou dans *Les Fâcheux* (1661) de Molière), celle de la parade ou de la revue. Comme dans *Le Mercure galant* (1683) ou plus tard dans *Les Mots à la mode* (1694), il nous offre une galerie de portraits, mais de portraits vivants, de personnages bien campés qui défilent devant Esope, juge perspicace et critique. Nous autres spectateurs, nous nous plaçons à ses côtés et nous partageons sa joie agressive. Mais les choses se compliquent, puisqu'Esope s'éloigne de nous au moment où il se mue en 'poète' pour prononcer les fables par lesquelles il rend son jugement. Sur la page imprimée les blancs qui séparent les fables du reste du texte mettent en lumière ce changement d'optique. Chaque fable constitue un morceau de bravoure; elle nous invite à la mettre en comparaison avec la version de La Fontaine (sinon avec celle de Phèdre)(49). Il faut donc se tenir en même temps près d'Esope mais, aussi, loin de lui. En outre une double compréhension des fables est nécessaire: d'un point de vue littéraire ou esthétique et aussi d'un point de vue moral ou social, ce dernier étant toujours d'une importance capitale pour Boursault.

Là aussi, dans le domaine de la satire sociale, l'auteur exploite le double registre. Tandis qu'il avait développé dans ses autres comédies la notion moliéresque de la comédie comme portrait de son siècle pour en faire un reportage ou une tranche de vie, ici au contraire il décide d'utiliser un cadre historique et exotique. Nous

---

(48) Lenoble, le rival dramatique de Boursault, souligne ce point: "Quand l'Histoire peut fournir heureusement ce nœud [de l'action], il ne faut pas l'abandonner pour une Chimere [...] L'Histoire d'Herodote [II, 134–5] nous apprend qu'Esope servoit avec une fameuse Esclave nommée Rodope qu'il aima, & dont il fut aimé. N'est-il donc pas mille fois plus juste de tirer du fond de cette Histoire le nœud de cette Piece, que de recourir à la fiction d'un Gouverneur de Cysique, qui veut sacrifier sa fille à un magot pour se mettre à l'abri de sa faveur?" — E. Lenoble, *Esope*, Paris, 1691, Lettre de Mr D.L.R., f. a iii verso.

(49) La pièce aurait pu s'intituler *Les Fables de Phèdre*! Elle contient au moins huit fables traitées par le fabuliste latin.

sommes à Cyzique, port de commerce en Lydie, vers l'an 550 av. J.-C. Des détails historiques (comme les mentions faites du roi Crésus) ou géographiques (comme l'allusion à l'île de Lesbos, 424) contribuent à créer une atmosphère lointaine. Mais comment s'intéresser aux défauts de la société lydienne? Pour Boursault (comme pour La Bruyère à la même époque) il s'agit non pas d'histoire ni d'archéologie mais des mœurs de son siècle. La plupart du temps donc l'auteur et son public en arrivent à oublier complètement le cadre lointain. Nous nous trouvons en fait en France en 1690 et on boit du café sur scène...(50). Dans la galerie des portraits nous reconnaissons le personnage d'une femme savante (ou d'une Mme Dacier en puissance — I, iv), des citoyens exploités par un gouverneur cupide et qui doutent de la bonté du roi (II, v), un riche paysan qui veut s'élever dans la société et qui représente aussi les victimes de la féodalité toujours subsistante (II, vi & V, iii), un généalogiste qui sait fabriquer de fausses noblesses (III, iv), une mère indigne (III, v), la veuve d'un notaire qui singe les duchesses (IV, iii), un huissier père d'hussiers (IV, v), des comédiens (V, iv). Tous ces personnages sont hautement comiques en eux-mêmes mais ils ont aussi une valeur représentative. Grâce à eux Boursault peut nous offrir un échantillon des illusions sociales qui règnent en France et des souffrances qui en dérivent(51).

Si Esope, lui, est détaché des illusions et des fausses valeurs sociales, serait-il néanmoins la victime d'une illusion d'ordre sentimental? Nous le voyons en train de préparer son mariage avec Euphrosine, la fille du gouverneur de Cyzique. C'est apparemment le coup de foudre! Revenons un moment à Versailles. A l'entrée du labyrinthe dans les jardins du château (comme Boursault peut s'en souvenir) sont placées deux statues en plomb. A droite, un peu en biais afin de laisser voir sa bosse, se tient Esope vêtu en esclave. De l'autre côté, en face de lui, se dresse l'image élégante de l'Amour tenant dans sa main le peloton du fil d'Ariane(52). Alors, au cours de la comédie écrite par Boursault, s'agit-il d'Esope perdu dans le labyrinthe? Certainement pas. Il est vrai que, par sa situation, outre le personnage stéréotypé de la comédie antique, il peut nous rappeler les amants ridicules comme Arnolphe ou M. Jourdain, étant à la fois le *senex iratus* ou le barbon qui fait obstacle au bonheur des jeunes amants. Pourtant, si Boursault évoque ces éléments traditionnels, c'est justement pour les transformer. Loin d'être perdu, Esope tient bien dans sa main

(50) La vogue de la boisson et des lieux dits 'cafés' a inspiré les dramaturges. *Le Caffé* (1694), comédie en 1 acte de J.-B. Rousseau, en est un exemple.

(51) D'autres auteurs dramatiques de cette époque ont situé dans un cadre antique leur satire de la société moderne: Regnard, *Démocrite* ou Fontenelle, *Macate* — voir Taillandier, p. 153.

(52) Voir la gravure reproduite dans Louis XIV, *Manière de montrer les Jardins de Versailles*, ed. S. Hoog, Paris, 1982, p. 24. On nous assure en plus que c'est dans le labyrinthe, orné de fontaines évoquant diverses fables d'Esope, que "Bossuet emmenait le jeune Dauphin, fils de Louis XIV, afin de pouvoir l'instruire en le divertissant" (p. 66).

le peloton du fil...et même tous les fils de l'affaire! Il s'amuse à jouer les amants ridicules. Le mariage proposé n'est qu'un stratagème, qu'une épreuve: tout est mené par lui afin de sonder le caractère d'Euphrosine et d'Agénor et de révéler toute l'étendue de l'ambition du gouverneur, Léarque, père d'Euphrosine. Dans le domaine des sentiments, l'Esope comique est une parodie cinglante de l'Esope galant dépeint par Mlle de Scudéry.

Transformation aussi de la figure de la servante. Mlle de Beauval avait créé naguère les grands rôles de servantes chez Molière (Nicole, Toinette) comme elle les créa chez Dancourt ou Regnard. Dans *Esope* (dans le rôle de Doris) elle put à nouveau faire étalage avec maestria de son franc-parler et de sa gouaille. D'ailleurs, comme nous avons vu, elle dut les mettre en œuvre dans la vie réelle, à la première représentation, pour réprimander des spectateurs peu polis. D'après le texte de la pièce, Doris ne cesse d'attaquer Esope en soulignant toujours sa difformité. A travers ses paroles la tradition populaire d'un Esope grotesque peut s'exprimer. Or, dans les comédies de Molière, la servante incarne normalement le sens de la réalité; elle bataille pour détruire les illusions des personnages obsédés par une idée fixe. Dans la pièce de Boursault elle se conduit en apparence d'une façon identique. Sa situation est pourtant totalement renversée. Elle ne voit que la surface, c'est-à-dire la laideur d'Esope, et elle refuse de reconnaître son bon sens. En plus elle ne comprend rien à l'épreuve inventée par Esope. Il y a donc contradiction flagrante entre ce qu'elle semble apporter de conventionnel et de stéréotypé à la pièce et ce qu'elle apporte réellement.

Face à ces ambiguités les spectateurs étaient en droit de se sentir troublés et déçus. Ils finirent quand même par accepter ce concept paradoxal d'une comédie qu'il fallait prendre au sérieux et aussi cette présentation d'un Esope lucide et sensé et non bassement ridicule. Prenant le contre-pied d'auteurs comme Dancourt ou Regnard, Boursault avait préludé ainsi aux expériences du 18e siècle pour créer un théâtre moralisant.

Les problèmes de société n'intéressaient pas que les moralistes. En février 1690 *Le Mercure galant* signala deux campagnes de réforme sociale menées par le pouvoir royal: "Pendant que le Roy travaille d'un costé à faire supprimer le luxe, Mr le premier President s'applique de l'autre à faire executer les volontez de Sa Majesté, touchant le soulagement des Plaideurs" (p. 29). Etant donné qu'on trouve dans Esope des scènes sur le luxe et sur les ruses des notaires (IV, iii) ou sur les exactions des huissiers (IV v), il était naturel que, le mois suivant, *Le Mercure* fît un compte rendu élogieux de cette comédie. Le journal en souligna le "caractere tout particulier" et fit remarquer l'importance de ses fables qui "semblent avoir esté faites pour le sujet, & en se faisant écouter avec plaisir par le tour fin que leur a donné l'Auteur, elles font entendre de grandes leçons, dont les gens sages peuvent profiter" (mars 1690, pp. 297–8).

Pour Boursault, les fables constituaient en effet l'élément le plus original de sa pièce et en faisaient la beauté (comme il écrit à sa femme). Mais de quel genre d'originalité s'agit-il au juste? Sur les dix-sept fables de la pièce(53), deux seulement sont vraiment de l'invention de Boursault: *Le Rossignol* et *L'Allouette et le papillon.* Ce refus d'innover surprend à une époque où des auteurs comme Mme de Villedieu ou Furetière ont soin de publier des recueils de *Fables nouvelles* afin d'éviter de faire concurrence à La Fontaine qui avait mis en vers des fables anciennes. Mais, n'ayant pas hésité à défier Molière ou Boileau, Boursault ose bien se mesurer avec le grand fabuliste de France. Comme lui, il puise dans Esope ou Phèdre, sans doute dans les recueils en prose de Baudouin et de Le Maistre de Sacy respectivement. Avec succès, parfois. *Les deux rats* (II, iv), par exemple, a des touches dignes de Marot dans la vivacité des propos et dans la description des gestes. Mais, en général, ses efforts ne donnent que des résultats honorables(54). Toutefois, même si ces fables sont réussies en tant que fables, sont-elles théâtrales? Nous avons déjà vu qu'elles provoquent des réactions complexes et contradictoires chez le spectateur. Par contre, on peut trouver qu'il y a quelque chose de trop simple, de trop mécanique dans la façon dont elles sont insérées dans la pièce. A la longue, la répétition de la formule "illusion + fable + lucidité" commence à nous lasser. Et souvent les victimes d'Esope cèdent un peu trop vite à sa sagesse; on voudrait quelquefois un débat plus prolongé et plus égal(55). Enfin, ses fables donnent-elles en réalité "de grandes leçons"? En mettant des comédiens en garde contre la publicité mensongère (V, iv) ou en se

---

(53) (I) *Demades* – Prologue (II) *La Belette et le renard* – I, ii (III) *Le Renard et la teste peinte* – I, iii (IV) *Le Rossignol* – I, vi (V) *Les Membres et l'estomach* – II, v (VI) *Les deux rats* – II, iv (VII) *L'Allouette et le papillon* – III, iii (VIII) *Le Corbeau et le renard* – III, iv (IX) *L'Ecrevisse et sa fille* – III, v (X) *La Grenouille et le bœuf* – IV, iii (XI) *Le Cuisinier et le cigne* – IV, ix (XII) *Les Colombes et le vautour* – IV, v (XIII) *Le Loup et l'agneau* – V, iii (XIV) *La Montagne qui accouche* – V, iv (XV) *L'homme et les deux femmes* – V, v. Il faut ajouter (XVI) *Le Frère et la sœur*, fable présentée sous forme dramatique; III, vi. Il y a aussi (XVII) *Le Dogue et le bœuf*, fable qui devait s'insérer entre les actes II et III.

(54) Par manque de sympathie pour un style poétique qui dérive de Voiture et de Marot, certains critiques ont été trop sévères envers Boursault fabuliste - voir, par exemple, Taillandier, pp. 165–6 ou J. Lemaître, *La Comédie après Molière*, Paris, 1882, pp. 80–81.

(55) Ces aspects de l'emploi des fables dans la comédie expliquent la conclusion (à notre sens, hâtive et inexacte) de G. Brereton, "Only an amateur playwright could have conceived *Esope à la ville*" (*French Comic Drama*, London, 1977, p. 161) et la condamnation prononcée par Lemaître (qui néglige la variété et la richesse du personnage d'Esope), "Exaspérant par le retour automatique et régulier de ses prédications, [...] cet Esope n'est plus un homme, c'est une machine à moraliser" (p. 72). H. Carrington Lancaster est un peu plus modéré dans son jugement sur ces aspects dans *French Dramatic Literature in the 17th Century*, Baltimore, 1940, IV, ii, p. 835.

moquant d'une manière de parler peu naturelle (I, vi), Esope ne semble pas faire des déclarations fracassantes. Mais on peut supposer que Boursault a cherché à mélanger le futile et l'important, afin de faire passer l'essentiel. N'oublions pas que les acteurs de la Comédie Française prirent peur et n'osèrent pas d'abord jouer la scène v de l'acte II avec la fable des *Membres et de l'estomac*. Mettre en question le rôle du roi et la légitimité de la fiscalité royale, voilà en vérité qui revient à introduire un sujet de la plus haute importance et dont les répercussions sur la vie des gens ordinaires étaient connues de première main par Boursault. Et, si l'on essaie de capter les résonances sociales des fables d'*Esope*, on peut trouver que le dramaturge avait en effet de sérieuses leçons à nous donner, leçons dont la signification n'est pas totalement perdue pour notre société actuelle.

En 1690, *Le Mercure galant* avait couvert *Esope* d'éloges. Mais, dans le monde du théâtre, la jalousie régnait. Entre le Théâtre Français et le Théâtre Italien la rivalité battait son plein. La réussite étonnante d'*Esope* devait naturellement provoquer une riposte de la part des Italiens. Finalement, au mois de février 1691, les Comédiens Italiens présentèrent une parodie écrite par Eustache Lenoble. La première est évoquée pour nous, non par Boursault mais par Palaprat, furieux contre ceux qui avaient causé la chute de sa propre comédie: "On reprit [*Le Grondeur*, comédie de Brueys et Palaprat] le jour de Cendres, jour où le spectacle est peu frequenté. [...] Elle eut affaire à un *Arlequin Esope* des Italiens, monstre comique composé, comme une autre chimere, de plusieurs monstres ridicules, & de tous les plus bas grotesques.[...] Ce malheureux Esope ne laissa pas d'acheva de couler à fond notre pauvre comédie" (56). Edité en 1691, accompagnée d'une lettre critique sur l'œuvre de Boursault, la comédie burlesque de Lenoble a en vue deux buts opposés: montrer à son prédécesseur comment construire une pièce raisonnable sur le sujet d'Esope et, contradictoirement, développer au maximum les possibilités du grotesque et du spectaculaire inhérentes à ce sujet. Nous voyons donc Esope amoureux, Esope barbon ridicule, Esope et ses animaux. La pièce finit par une scène spectaculaire sur fond musical: "Le Théâtre s'ouvre, & l'on voit au fond paroître des cavernes d'où sortent des Bêtes qui s'arrêtent à l'entrée; & sur le haut de chaque caverne l'on voit quantité d'Oiseaux differens, & un Singe qui saute du haut en bas pour descendre sur le Theâtre" (V, vi). Nous sommes très loin de la pièce de Boursault. Il dut se sentir trahi, en voyant tous ses efforts pour créer une nouvelle image d'Esope anéantis par cette parodie qui ne se s'attachait qu'à l'aspect burlesque de l'ancien Esope. D'après une lettre, conservée dans les archives de la Comédie Française, il composa alors une *Critique d'Esope* pour répliquer à son tour. Mais il fut trahi par ses amis, les Comédiens Français, qui refusèrent de la jouer.

Si Esope souhaitait voir une grande "Querelle d'*Esope*", son vœu se réalisa

(56) Cité par les Parfaict, t. XIII, pp. 211–2. Sur *Le Grondeur*, voir aussi G. Brereton, p. 157.

d'une façon surprenante. Selon ses propres aveux dans une lettre d'explications (à dater du milieu de 1694) envoyée à l'archevêque de Paris,

> Etant en Province où je fis la Comédie d'Esope, un bon Curé [...] fit scrupule de me donner l'absolution, & enfin ne me la donna qu'à condition que je m'en informerois à de plus habiles Gens que luy, si je pouvois en sureté de conscience la faire représenter. Je [...] crus ne me pouvoir mieux adresser qu'à celuy qui avoit été mon Confesseur à Paris, qui passoit, avec justice, pour un célébre Professeur en Théologie. Je luy envoïay non-seulement Esope, mais encor quelques autres Comédies que j'avois faites que je le conjuray d'examiner sérieusement(57).

Son confesseur parisien était bien sûr le Père Caffaro. La lettre par laquelle le supérieur des théatins donna sa décision sur ce cas de conscience est la fameuse *Lettre d'un théologien*, placée dans l'édition collective (1694) du théâtre de Boursault. Grâce à ce bon curé de Mussy, en Champagne, Esope suscita donc le plus important débat du siècle sur la moralité du théâtre.

L'attitude de Boursault dans ce débat est claire. Ecrivant à l'archevêque, il choisit de la résumer poétiquement:

> Dans le dessein que j'ay de faire aller Esope
> Par tout où les abus offrent de faux appas,
> Ne croyez pas que j'envelope
> Parmi les vicieux ceux qui ne le sont pas.
>
> Comme un Sot me chagrine, & qu'un Méchant m'irrite,
> Avec un vray plaisir je louë un vray Mérite;
> N'importe dans quel rang on en soit revétu:
> Aux petits comme aux Grands j'aime à rendre justice;
> Et je défigure le Vice
> Comme j'embellis la Vertu.

Afin de démontrer sans ambiguité combien il tenait à cette idée d'un théâtre moralisant, Boursault consacra ses loisirs à la composition d'une nouvelle comédie sur le thème d'Esope. Par cette pièce, *Esope à la cour* (jouée en 1701), il pensait du reste profiter de la faveur du public qui avait été enfin conquis à ses conceptions dramatiques. Elle servirait aussi de riposte à la parodie burlesque de Lenoble puisqu'à

(57) *Lettres nouvelles* (1697), pp. 395–6.

son tour, Boursault empruntait l'histoire des rapports entre Esope et Rhodope pour établir l'intrigue de sa pièce. Mais, conservant l'attitude qu'il avait adoptée dans *Esope à la ville*, il évita de rendre ridicule le personnage du fabuliste. S'il emploie la satire, elle est plutôt dirigée contre Rhodope, femme infidèle ou, pour le moins, étourdie. Pour corser l'action de la comédie (et ainsi répondre aux critiques de Lenoble au sujet de celle d'*Esope à la ville*), il ajouta deux autres intrigues: le mariage de Crésus avec Arsinoé et la tentative de discrédit d'Esope qui est entreprise par des courtisans jaloux de sa faveur auprès du roi(58).

L'importance capitale d'*Esope à la cour* réside toutefois dans un autre aspect de la pièce — dans les thèmes sociaux ou moraux qui y sont traités. Boursault reprit deux thèmes qu'il avait évoqués dans *Esope à la ville*, celui du pouvoir royal et celui des abus des financiers. Mais il en ajouta un autre, le thème de l'incrédulité(59). Partout il adopta un ton plus franc et plus direct. Il nous montre Esope en train de haranguer le roi Crésus au sujet de son devoir envers ses sujets et de plaider en même temps pour la paix entre les nations. Le fabuliste dénonce aussi la rapacité insensée des financiers dont le mot d'ordre — et ceci provient de l'expérience vécue de l'auteur — n'est autre que "De l'argent!" Esope essaie enfin de convertir un vieux gentilhomme qui n'admet (tel Saint-Evremond) qu'une seule valeur absolue, à savoir, la "flateuse & douce volupté". Or, des remarques modérées sur de tels sujets avaient naguère semé la panique dans la Comédie Française. Comme on pouvait s'y attendre, ces scènes d'*Esope à la cour* semblèrent trop dangereuses aux acteurs qui refusèrent net de les jouer. Mais la veuve de Boursault, voulant faire respecter les intentions de l'auteur, les fit imprimer sans coupures. Le dramaturge aurait été satisfait par cette publication qui soulignait le sérieux de son projet(60).

C'est là, d'ailleurs, l'un des paradoxes qui marquent l'œuvre littéraire comme la vie de Boursault. Car, ayant un bon naturel, il se trouva engagé par conviction ou par obligeance dans une série de conflits littéraires quelquefois fort âpres. Bien qu'enclin au farniente, il s'appliqua sans cesse à composer des ouvrages variés dans presque tous les domaines de la littérature. Enfin, étant de caractère joyeux et aimant rire, il apprit par son expérience de la vie cette triste vérité à savoir que l'hypocrisie et l'égoisme règnent partout dans le monde. Alors, pour lui, c'est le personnage d'Esope qui peut offrir un modèle de comportement à adopter. Dans *Les Fables d'Esope* et dans *Esope à la cour* Boursault nous fait comprendre d'une façon engageante et positive la nécessité de vivre selon ces authentiques valeurs que sont la lucidité, la mesure et l'indépendance d'esprit, vertus anciennes si l'on veut mais cependant toujours valides pour le monde moderne.

(58) Cette dernière intrigue correspond à la fable persane, *Le Berger et le roi*, mis en vers par La Fontaine et publiée en 1679 (*Fables*, X, 9).

(59) Boursault veut rivaliser avec la Bruyère et imite à sa manière les *Caractères* surtout les chapitres "De la cour", "Des Grands" et "Des esprits forts".

(60) Sur la pièce, consulter H. Carrington Lancaster, *Sunset*, Baltimore, 1945, pp. 185–8.

LE TEXTE

Le texte des *Fables d'Esope* fut imprimé pour la première fois au mois de mars 1690, à l'époque de la fermeture pascale de la Comédie Française(61). L'imprimeur fit preuve de compréhension et de souplesse car tout fut fait à la hâte, le texte se modifiant en cours de représentation(62). Boursault inséra une Préface qu'il avait dû composer pendant les premières semaines de février quand la certitude d'un grand succès fut enfin acquise. L'Epître au duc d'Aumont aurait été écrite vers la même date, car Boursault tenait à soumettre de telles épîtres à leur destinataire avant la publication pour permettre éventuellement du texte de ces épîtres(63). Enfin il fallut procéder rapidement à la commande de la gravure du frontispice chez Le Pautre ou chez les Audran.

Le première édition se ressent de toute cette rapidité. L'errata ne relève que trois fautes mais en réalité on trouve dans le texte un certain nombre d'omissions (voir, par exemple, les vers 6, 130), de fautes d'impression (105, 374), de fautes d'orthographe (525), d'erreurs de pagination (à partir de la page 47). Adoptant un procédé qu'on observe aussi chez l'éditeur Claude Barbin(64), Théodore Girard fit corriger à l'encre certaines de ces erreurs. Comme elles sont nettement plus nombreuses dans la première moitié du texte, on peut supposer que Boursault ne corrigea pas lui-même les épreuves de cette partie, soit qu'il fût trop occupé, soit qu'il fût enrhumé et souffrant (ce qui lui arrivait souvent, d'après ses dires).

Pour améliorer un peu cette édition, Girard entreprit une nouvelle impression. La première faute importante (l'omission de "Et toy", vers 6) fut corrigée dans ce second état du texte imprimé. D'autres corrections furent faites à la plume. On changea aussi l'ornement sur la page de titre — peut-être dans l'intention de signaler ce second état aux acheteurs et aux libraires.

Voyant le succès de l'imprimé, l'éditeur publia une nouvelle édition de la pièce au cours de la même année 1690. Il décida pourtant de faire appel à un nouvel atelier d'imprimerie. Dans cet établissement on avait des règles typographiques différentes de celles observées par l'imprimeur de la première édition. On avait tendance à garder en général les formes orthographiques avec *s* (comme *estre, prest*), tandis que

(61) L'Achevé d'imprimer de cette édition publiée par Théodore Girard est daté du 18 mars 1690.

(62) Les deux scènes supplémentaires ne furent ajoutées que le 3 mars.

(63) Nous avons la lettre qu'il envoya en 1691 au duc de Saint-Aignan pour lui soumettre la dédicace de *Marie Stuard* — dans *Lettres nouvelles* (1697), p. 234.

(64) Cette méthode de correction fut évoquée par l'abbé de Charnes dans ses *Conversations* (1679) — voir Mme de Lafayette, *Romans et nouvelles*, ed. E. Magne, Paris, 1961, p. XXX.

le premier imprimeur préférait normalement une orthographe plus moderne (*être, prêt*). C'est à partir de cette deuxième que disparaît le faux-titre qui donnait le titre original d'*Esope*. Il existe des exemplaires qui semblent être de cette édition de 1690, s'il faut en croire la page de titre(65). Mais en réalité il s'agit d'un second état de la deuxième édition, publié à une date indéterminée après 1696. Une variante peut nous aider à distinguer ces états: au vers 248, la deuxième édition donne "beau" tandis que le second état de cette édition reprend la leçon de la première édition et donne "grande". Cette variante peut nous servir ultérieurement de repère dans l'analyse de la filiation des éditions suivantes.

Le texte imprimé se vendit bien, au prix de 15 sols, et pas seulement en France. A Bruxelles et à Amsterdam on imprima des contrefaçons "suivant la copie de Paris". On imita en fait la première édition (sauf qu'on omit le faux-titre). Il est frappant que, bien plus tard, l'édition collective d'Amsterdam en 1721 suivit de même la première édition(66).

La troisième édition, publiée en 1700 par Nicolas Gosselin après la mort de Théodore Girard, suit fidèlement le texte de la deuxième édition de 1690. Ce n'est qu'à partir de l'édition de 1706, publiée à Paris par Pierre Ribou mais imprimée à Rouen, que nous voyons apparaître une nouvelle formule qui sera adoptée par la plupart des éditions suivantes. On revient au style orthographique de la première édition mais on y ajoute des éléments de la deuxième édition, comme la variante du vers 2478.

Toujours prêt à changer un texte dramatique avant sa publication, Boursault ne le modifie guère après sa parution. Il cherche sans doute le calme après la période mouvementée de la composition et de la représentation. Dans le premier état de la première édition des *Fables d'Esope*, dont nous donnons ici le texte, nous pouvons trouver comme un reflet des moments agités que son auteur connut au cours des premiers mois de 1690(67).

---

(65) Par exemple, l'exemplaire conservé à la Bibliothèque Mazarine de Paris sous la cote 42107 (3).

(66) Il est possible qu'on ait publié assez tôt une traduction d'*Esope* en hollandais. Le fils de Boursault y fait allusion dans l'Avertissement de 1725. Une version hollandaise de la parodie de Lenoble fut publiée en 1697.

(67) Nous reproduisons l'orthographe et la ponctuation de la première édition. Les quelques corrections que nous y avons apportées sont mises entre crochets.

BIBLIOGRAPHIE

I. EDITIONS DU TEXTE

Les initiales qui désignent ici chaque édition servent à indiquer la provenance des variantes.

A Première édition, premier état, Paris, Théodore Girard, 1690

LES / FABLES / D'ESOPE, / COMEDIE. / [Ornement: volutes, bossage] / A PARIS, / Chez THEODORE GIRARD, dans / la grand'Salle du Palais, du côté / de la Salle Dauphine, à l'Envie. / [Ligne] / M. DC. XC. / *Avec Privilege du Roy.*

In-12: *3, a6, e2, A6-C6, D9, E6-H6, *1; 11ff. n. ch., pp. 1–95 [à corriger en pp. 1–101: erreur de numérotage après p. 46], 1 f. n. ch.

Privilège: 16 février 1690; Enregistré: 21 février 1690; Achevé d'imprimer: 18 mars 1690; Frontispice: gravure de Le Pautre.

Paris: Bibliothèque Nationale (Yf. 7243); Arsenal (G.D. 10065); (Rf. 5592 – frontispice manque); Comédie Française (frontispice cartonné – gravure de L. Audran).

B Première édition, second état, Paris, Théodore Girard, 1690.

Page de titre: comme A, mais ornement à guirlandes; In-12: ff. & pp. comme A; Privilège, etc.: comme A; Frontispice: comme A.

Paris: Bibliothèque Nationale (Yf. 12191); (Rés. Yf. 4105 – reliure aux armes de Condé).

C Deuxième édition, premier état, Paris, Théodore Girard, 1690.

LES / FABLES / D'ESOPE, / *COMEDIE.* / SECONDE EDITION. / [Ornement : guirlandes] / A PARIS, / chez THEODORE GIRARD, dans / la grand'Salle du Palais, du côté / de la Salle Dauphine, à l'Envie. / [Ligne] / M.DC.XC. / *Avec Privilege du Roy.*

In-12: *3, a1, e6, i2, A6-I6; 12 ff. n. ch., pp. 1-101, 4 ff. n. ch.

Privilège & Enregistré comme A; Achevé d'imprimer manque; Frontispice: comme A.

Paris: Bibliothèque Nationale (Yf. 7242); (Yf. 12192); Arsenal (8° B.L. 12.879)

D Deuxième édition, second état, Paris, Théodore Girard, [après 1696]

Page de titre: comme C (y compris la date 1690)

In-12: *1, a1, e6, i2, A6-H6, I3; 10 ff. n. ch., pp. 1–101, 1 f. n. ch.

Privilège, Enregistré & Achevé d'imprimer comme A; mais en plus Continuation du privilège, 19 février 1696 & Enregistré, 22 février 1696; Frontispice: comme A.

Paris: Bibliothèque Mazarine (42107 – 3).

E Edition de Bruxelles, Bruxelles, Jean Léonard, 1690.

LES / FABLES / D'ESOPE, / *COMEDIE.* / PAR Mr. BOURSAULT. / [Ornement: oiseaux, bouquet] / Suivant la copie de Paris / A BRUXELLES, / Chez JEAN LEONARD, Li- / braire & Imprimeur, ruë de la Cour. / [Ligne] / M, DC. XC.

In-12: A6-K6; 9 ff. n. ch., pp. 19-118, 1 f. n. ch.

Privilège etc. manque; Frontispice: copie de la gravure dans A (renversée, non signée).

Paris: Bibliothèque Nationale (Rés. p. Yf. 68)

F Edition [d'Amsterdam], [Amsterdam], [H. Scheltel, 1690.

LES / FABLES / D'ESOPE, / *COMEDIE.* / [Marque: ours, abeilles — *Quaerendo*] / *Suivant la Copie imprimée* / A PARIS. / [Ligne] / M DC Xc.

In-12: A12-E12; 9 ff. n. ch., pp. 1–99, 1 f. n. ch.

Privilège etc. manque; Frontispice: copie de la gravure dans A (signé Jon van den Avele).

Londres: British Library (1480 a. 6 (2)).

G Edition [d'Amsterdam], [Amsterdam], [H. Schelte], 1693.

Page de titre: comme F, mais à la date de 1693; In-12: A12-E12; 9 ff. n. ch., pp. 1-99, 1 f. n. ch.

Privilège etc. manque; Frontispice: comme F.

Londres: British Library (11739 a. 43 (4)).

H Edition d'Amsterdam, Amsterdam, Isaac Weskamberg, 1699.

LES / FABLES / D'ESOPE / COMEDIE. / *Par Monsieur* BOURSEAULT [*sic*] / [Marque: globe] / AMSTREDAM [*sic*], / Chez ISAC [*sic*] WESKAMBERG / [Ligne] / M. DC. XCIX.

In-12: [A4], B2 — N4, 02; 2 ff. n. ch., pp. 4–84.

Privilège etc. manque; Frontispice manque.

Paris: Arsenal (Rf. 5593)

I Troisième édition, Paris, Théodore Girard & Nicolas Gosselin, 1700.

LES / FABLES / D'ESOPE, / *COMEDIE.* / TROISIE'ME EDITION./ [Ornement] / A PARIS, / *En la Boutique de Theodore Girard,* / Chez NICOLAS GOSSELIN, dans la / grand'Salle du Palais, du côté de la Cour / des Aydes, à l'Envie. / [Ligne] / M. DCC. / *AVEC PRIVILEGE DU ROY.*

In-12: A8, B4-I8, K4, L2; 10ff. n. ch., pp. 1–101, 2 ff. n. ch.

Privilège & Enregistré comme A; Continuation du privilège & Enregistré comme D. Cession du privilège par la Veuve Th. Girard à N. Gosselin. Achevé d'imprimer: 8 janvier 1700; Frontispice manque.

Paris: Arsenal (Rf. 5594)

J Edition collective, Paris, Jean & Michel Guignard, 1701.

PIECES / DE THEATRE / DE Mr BOURSAULT. / [...] / A PARIS, RUE S. JACQUES. / Chez JEAN & MICHEL GUIGNARD, / devant la Ruë du Plâtre, à l'Image S. Jean. / [Ligne] / M. DCCI. / *AVEC PRIVILEGE DU ROY.*

Page de titre manque: la pièce n'est pas indiquée dans la liste de la page de titre de la collection.

In-12: e6 (1–3 manquent), i2, A6-I6, 5 ff. n. ch., pp. 1–101, 4 ff. n. ch.

Privilège, Enregistré & Achevé d'imprimer comme A; Continuation du privilège & Enregistré comme D.

Paris: Bibliothèque Nationale (Yf. 8421 — sans frontispice); Comédie Française (gravure de L. Audran, placée devant *Meleagre*).

K Edition de Rouen / Paris, Rouen & Paris, Pierre Ribou, 1706.

LES / FABLES / D'ESOPE, / *COMEDIE.* / NOUVELLE EDITION. / [Ornement] / *Imprimé à Rouen : Et se vend* / A PARIS, / Chez PIERRE RIBOU, sur le Quay / des Augustins, à la décente du Pont-Neuf, / à l'Image S. Loüis. / [Ligne] / M. DCCVI. / *Avec Approbation, & Privilege du Roy.*

In-12: A8-I8, K4; 10 ff. n. ch., pp. 1–100.

Privilège: 27 février 1706. Enregistré: 5 mars 1706. Achevé d'imprimer manque; Frontispice: comme A.

Paris: Bibliothèque Nationale (Yf. 12193(1)).

L Edition de Lyon, Lyon, André Degoin, 1713.

LES FABLES / D'ESOPE, / COMEDIE. / DERNIERE EDITION. / *Par feu* Mr. BOURSAULT. / [Marque: bouquet de fleurs] / A LYON, / chez ANDRE' DEGOIN, Libraire, au coin de / ruë [*sic*] Neuve, derriere S. Nizier. / [Ligne] / M. DCCXIII.

In-12: a6 (1–2 manquent), e2, A6-H6, I4; 6 ff. n. ch., pp. 1–101, 2 ff. n. ch.

Privilège etc. manque; Frontispice manque.

Paris: Arsenal (Rf. 5595); (Rf. 5596).

M Edition collective d'Amsterdam, Amsterdam, Duvillard & Changuion, 1721.

OEUVRES / DE Mr. / BOURSAULT, / *CONTENANT* / LES PIECES / DE / THEATRE. / *Nouvelle Edition augmentee.* / TOME PREMIER. / [Marque: jardinage - *Un travail assidu voit le fruit de ses peines*] / A AMSTERDAM, / Chez DUVILLARD & CHANGUION. / M. DCCXXI.
t. II (sans page de titre) — 4e pièce:
LES / FABLES / D'ESOPE, / OU / ESOPE en VILLE. / COMEDIE. / [Marque: globe] / *Suivant la Copie de Paris.* / A AMSTERDAM, / Chez DUVILLARD & CHANGUION / [Ligne] / M. DCCXXI.

In-24: A12-D12, E10; 9 ff. n. ch., pp. 19–114, 1 f. n. ch.

Privilège etc. manque; Frontispice: gravure comme E.

Paris: Bibliothéque Nationale (Yf. 3367); Arsenal (Rf. 5560);
Londres: British Library (638 a. 9).

N Deuxième édition "A la ville", Paris, Geoffroi Lesch, 1723.

ESOPE / A LA COUR / ET / ESOPE / A LA VILLE / *DEUX COMEDIES,* / De / Mons. BOURSAULT. / *SECONDE EDITION* / [Ligne] / *à PARIS* / Chez GEOFFROI LESCH, / M. DCCXXIII.

In-12:)(8, A8-H8; 8 ff. n. ch., pp. 1–128.

Privilège etc. manque; Frontispice manque.

Paris: Arsenal (Rf. 5564).

O Quatrième édition, édition collective du fils de Boursault, Paris, François & Nicolas Le Breton & Veuve Ribou, 1724/1725

THEATRE / DE FEU / MONSIEUR / BOURSAULT./ *NOUVELLE EDITION* / *Revûë, corrigée & augmentée de plusieurs* / *Piéces, qui n'ont point paru dans* / *les precedentes.* / TOME TROISIEME. / [Marque: cœurs sur autel] / A PARIS, /Chez FRANÇOIS LE BRETON, au bout / du Pont-neuf, proche la ruë de Guenegaud, / à l'Aigle d'or. / [Ligne] / M. DCC. XXV. / *AVEC PRIVILEGE DU ROY.*

Troisième pièce:
LES / FABLES / D'ESOPE, / *COMEDIE.* / QUATRIE'ME EDITION / [Ornement: bouquet] / A PARIS, / Chez FRANÇOIS LE BRETON, Quai de / Conti, à la descente du Pont-Neuf, / à l'Aigle d'Or. / M. DCC. XXIV. / [Ligne] / *AVEC PRIVILEGE DU ROY.*

In-12: a2, e6, i2, A6-H6, I2; 10 ff. n. ch., pp. 1–100 [p. 13 non numérotée, p. 94 numérotée 49]

Privilège & Enregistré: 27 septembre 1720; Frontispice manque.

Paris: Bibliothèque Nationale (Yf. 8426), (Yf. 3374 & 8° Yth 6368 — Veuve Ribou); Bibliothèque Mazarine (57162); Arsenal (Rf. 5561 — Veuve Ribou), (Rf. 5597 — Nicolas Le Breton. édition séparée des *Fables*). Londres: British Library (242 g. 29 — Veuve Ribou)

II. EDITIONS PARTIELLES

P Lettres, Paris, Veuve Théodore Girard, 1697.

LETTRES / NOUVELLES, / *De Monsieur BOURSAULT.* / [...] / A PARIS, / Chez la Veuve de THEODORE GIRARD, / dans la Grande Salle du Palais, du côté / de la Salle Dauphine, à l'Envie. / [Ligne] / M. DC. XCVII. / *AVEC PRIVILEGE DU ROY.*

Privilège: 12 juillet 1696; Enregistré: 4 octobre 1696; Achevé d'imprimer: 5 juin 1697.

pp. 240–244: Acte II, scène v; pp. 256–257: intermède entre les Actes II et III.

Paris: Bibliothèque Nationale (Z. 14619); Arsenal (Rf. 5617).

III. AUTRES EDITIONS

Théâtre de feu Monsieur Boursault. Nouvelle édition, Paris, Cie des Libraires, 1746.

Esope à la ville, ou les Fables d'Esope, comédie en cinq actes, Paris, P. Ribou, 1759.

Esope à la ville, ou les Fables d'Esope, comédie en cinq actes et en vers, Paris, Ruault, 1776.

Chefs-d'œuvre dramatiques de Boursault, Paris, 1824.

Théâtre choisi, ed. V. Fournel, Paris, 1883.

IV. PARODIE

Eustache LENOBLE, *Esope, Comedie. Accomodée au Theâtre Italien*, Paris, G. de Luynes, G. Quinet, M. Jouvenel, J.-B. Langlois, 1691.

Paris: Bibliothèque Nationale (Yf. 7234); Comédie Française; Arsenal (Rf. 6439), (Rf. 6440 - Lyon, J.-B. de Ville).

Londres: London Library (traduction hollandaise, 2e édition, Amsterdam, 1697).

V. TRADUCTIONS

Sir John VANBRUGH *Æsop, A Comedy*, Londres, T. Bennet, 1697. (Rééditée en 1697, 1705, 1711, 1719, 1725, etc.)

Paris: Arsenal (Re. 9752).

[J. H. STEFFENS], *Æsopus in der Stadt*, [...], Dresde & Leipzig, 1723

Londres: British Library (12305 ccc. 31).

[ANON], *Le Favole di Esopo, ossia Esopo in città*, Venise, 1798

Paris: Bibliothèque Nationale (Yd. 3102); Londres: British Library (639 b.7).

VI. DOCUMENTS ET ETUDES

BRERETON, G.,*French Comic Drama from the Sixteenth to the Eighteenth Century*, Londres, 1977

JAL, A.,*Dictionnaire critique de biographie*, Paris, 1872

LAMBERT, C.-A.-J.,*Histoire de la ville de Mussy-l'Evêque (Aube)*, Chaumont, 1878

LANCASTER, H. C.,*A History of French Dramatic Literature*, IV, t. ii. Baltimore, 1940

LANCASTER, H. C.,*Sunset — A History of Parisian Drama 1701–1715*, Baltimore, 1945

LEMAITRE, J.,*La Comédie après Molière et le théâtre de Dancourt*, Paris, 1882

LEVER, M.,*Le Roman français au XVIIe siècle*, Paris, 1981

LOUGH, J.,*Seventeenth-Century French Drama: the Background*, Oxford, 1979

MELESE, P.,*Le Théâtre et le public à Paris sous Louis XIV*, Paris, 1934

LE MERCURE GALANT, mars 1690

PARFAICT, Les frères,*Histoire du Théâtre françois, depuis son origine jusqu'à présent*, t. XIII, Paris, 1748

PIZZORUSSO, A.,"Boursault et le roman par lettres", *R.H.L.* (1969), pp. 525–39

REGISTRES, de la Comédie Française

REVILLOUT, C.,*Etudes littéraires et morales sur le XVIIe siècle — Boursault et la comédie des 'Mots à la Mode'*, Montpellier, 1888

TAILLANDIER, Saint-René,*Etudes littéraires - Un poète comique du temps de Molière*, Paris, 1881

VII. AUTRES OUVRAGES

AUDIN, M.,*Fables héroïques*, Paris, 1660

[BAYLE, P.],*Histoire des ouvrages des savans*, août 1689

BENSERADE, I.,*Fables d'Esope en quatrains*, Paris, 1678

CABOURDIN, C. & VIARD, G.,*Lexique historique de la France d'Ancien Régime*, Paris, 1978

COUTON, G.,*La politique de La Fontaine*, Paris, 1959

DANIEL, S. H.,"Political and philosophical uses of Fables in Eighteenth-Century England", *The Eighteenth Century*, 23 (1982), pp. 151–71

ESOPE,*Les Fables*, tr. J. BAUDOUIN, Rouen, 1660

ESOPE,*Fables*, ed. E. Chambry, Paris, 1967

FURETIERE, A.,*Fables morales et nouvelles*, Paris, 1671

HOWARTH, W. D.,*Molière, A Playwright and his Audience*, Cambridge, 1982

LE BOSSU, Le Père,*Traité du poëme épique*, La Haye, 1714

LENOBLE, E.,*La Pierre de touche politique*, 1691

LOUIS XIV,*Manière de montrer les Jardins de Versailles*, ed. S. Hoog, Paris, 1982

LYONNET, H.,*Dictionnaire des comédiens français*, Paris, s.d.

MACHO, J.,*Le Livre des subtilles hystoires et fables de Esope*, ed. B. Hecker, Hambourg, 1982

MARION, M.,*Dictionnaire des institutions de la France aux XVIIe et XVIIIe siècles*, Paris, 1923

MESLIER, J.,*Æsopi fabulæ gallicæ, latinæ, graecæ*, Paris, 1629

MILLOT, P.,*Les Fables d'Æsope, traduites fidelement du grec*, Bourg-en-Bresse, 1646

MONGREDIEN, G.,*Dictionnaire biographique des comédiens français du XVIIe siècle*, Paris, 1961

NEVELET, I. N.,*Mythologia Æsopica*, Francfort, 1610

PHEDRE, *Les Fables* [...] *traduites en françois avec le latin à costé*, ed. LE MAISTRE DE SACY, Paris, 1647

SAINT-GERMAIN, J.,*La Vie quotidienne en France à la fin du Grand Siècle*, Paris, 1965

SCUDERY, Mlle de,*Artamène ou le grand Cyrus, Quatriesme Partie*, Leyde/Paris, 1656

SPANHEIM, E.,*Relation de la cour de France en 1690*, ed. E. Bourgeois, Paris/Lyon, 1900

URBAIN, C. & LEVESQUE, E.,*L'Eglise et le théâtre*, Paris, 1930

VAVASSEUR, Le Père F.,*De ludicra dictione*, Paris, 1658

VILLEDIEU, Mme de,*Fables, ou histoires allégoriques*, Paris, 1670

LES

FABLES

D'ESOPE,

COMEDIE.

A PARIS,

Chez THEODORE GIRARD, dans

la grand'Salle du Palais, du côté

de la Salle Dauphine, à l'Envie.

M. DC. XC.

Avec Privilege du Roy.

[a i r°]

A MONSEIGNEUR

MONSEIGNEUR

LE DUC

D'AUMONT,

Pair de France, Chevalier des Ordres du Roy, Premier Gentil-homme de la Chambre de sa Majesté, &c.

MONSEIGNEUR,

Il y a long-temps que Vous me faites l'honneur de me vouloir du Bien; & [a i v°] long-temps aussi que je cherche les occasions de Vous en témoigner ma reconnoissance. Il ne s'en est presenté aucune où vôtre Protection m'ait été necessaire que Vous ne me l'ayiez accordée avec une grandeur d'Ame qui me ravissoit, mais qui ne me surprenoit pas. Je Vous ay veu, MONSEIGNEUR, me tendre genereusement la Main, pour me faciliter les moyens de m'approcher de Vous: & loin de Vous prévaloir de l'intervale qui est entre Vous & moy, avoir la bonté de faire Vous-même des pas de mon côté pour en diminuer l'étenduë. Que ces Manieres sont belles! & qu'elles distinguent bien les Grands qui le sont par la naissance d'avec ceux qui ne le sont que par la Fortune. Voila, MONSEIGNEUR, ce qu'on appelle l'infaillible voye de se rendre Maître de tous les coeurs: & s'il m'est permis de citer la Fable dans une Lettre où je ne veux dire que des Veritez, Esope, l'incomparable Esope ne connoît de veritable No- [a ii r°] blesse que celle en qui l'on remarque une veritable Honnêteté. Le mot d'incomparable qui m'est échappé pour accompagner le nom d'Esope n'a peut-être jamais été mis plus justement: les Siecles qui luy ont succedé, & qui luy succéderont jusqu'à la dissolution des Siecles mêmes, luy rendront la justice qui luy est dûë; & tant qu'il y aura de la Droiture sur la Terre il est seur d'en attirer la veneration. Quel Homme (1) *a jamais été plus habile dans la Science des Moeurs; & qui jamais a imprimé une plus grand haine pour le Vice, & un plus grand amour pour la Vertu? Crésus à qui autrefois Esope dedia ses Fables luy-même, en fit tant d'estime que pour en éterniser le Merite il luy fit ériger une Statuë d'Or:* (2)*Et l'une des plus delicates Plumes de France, qui leur a donné plus de reputation qu'elles n'en avoient, les ayant Dediées à l'Auguste Fils du*

(1) Quelle Homme K

(2) le mème ESOPE, que je prends la liberté de presenter à V.E. aspire aujourd'huy, quoy que sous un habit different, à la gloire de vôtre protection. Rien ne manquera E

Monarque le plus Auguste du Monde, j'ay crû, MONSEIGNEUR, que de si grands Exemples pouvoient autoriser [a ii v°] *la liberté que j'ose prendre de vous presenter le même Esope sous un habit different. Ce que j'offre à Vôtre Grandeur n'a ny la Beauté de l'Original, ny les Graces qu'une si excellente Coppie semble y avoir ajoûtées; & quelque grand qu'ait été le succez de mon Ouvrage je ne l'aurois trouvé ny digne de Vous ny digne de mon zele sans l'Approbation que vous avez eu la bonté de joindre à tous les Applaudissemens qu'il a receus. L'honneur que Vous luy avez fait, MONSEIGNEUR, de luy accorder vôtre Suffrage le fait aspirer à la gloire de vôtre Protection: Il est naturel à celuy qui luy a donné le jour de chercher à luy procurer une heureuse Destinée; & sur qui puis-je jamais jetter les yeux qui soit en état de luy faire plus de plaisir, & qui ait plus de plaisir quand il en peut faire? Rien ne manquera à son bonheur si Vous avez la bonté d'en vouloir être l'Appuy: Et pour moy, MONSEIGNEUR, tous mes Voeux seront* [a iii r°] *remplis si à tant de Graces dont je vous suis redevable, Vous ajoûtez celle de me croire, avec le zele le plus ardent & le plus respectueux qui ait jamais été,*

MONSEIGNEUR,
DE VOTRE GRANDEUR,
Tres-humble, tres-obëissant
& tres obligé Serviteur,
BOURSAULT. (3)

(3) Cette épître dédicatoire manque dans H, J; remplacée dans E par une épître *A son Excellence Monseigneur le Marquis de Gastañaga, Gouverneur & Capitaine General des Païs-Bas, &c.*, signée Jean Léonard, dont le texte reprend celui de A.

[a iii v^o]

PREFACE NECESSAIRE. (1)

LE succez que cet Ouvrage a eu semble le justifier assez; & ce seroit mal reconnoître les Obligations que j'ay à la Voix publique de douter qu'il n'y ait du bon, puis qu'elle y en a trouvé. Le meilleur témoignage que j'en puisse rendre est l'empressement qu'on a eu, non seulement de le voir, mais de le voir plusieurs fois: Et comme toutes les Regles du Théatre n'ont jamais eu d'autre but que celuy de plaire, je croi les avoir suffisamment observées puis qu'il y a peu de Personnes à qui je n'aye plû. Je dis peu de Personnes, car il y en a toûjours quelques-unes qui mettent toute leur étude à se distinguer, & qui font consister tout leur esprit à le faire paroître singulier. Si c'est en avoir beaucoup de remarquer des fautes dont le Public ne s'apperçoit pas, c'est ne l'avoir trop raisonnable de vouloir resister au Torrent; & je prendrois le party de ne pas dire mon sentiment, quelque bon qu'il me parût, si je le voyois opposé à celuy de tout le Monde. Non que je sois assez te- [a iv r^o] meraire pour me persuader sottement que cette Piece soit exempte de fautes: je les connois aussi bien que qui que ce soit; & pour dire quelque chose de plus je les ay même connuës en les y mettant, & n'ay pas laissé de les y mettre, parce que j'aurois crû en faire une plus grande de les en ôter. Quelque injustice qu'on me puisse faire je suis seur qu'on ne [m'en] fera (2) pas assez pour s'imaginer que je n'aye pas sçû que du temps d'Esope il n'y avoit ny Huissiers, ny Procureurs, ny Conseillers-Gardenottes, ny Presidens au Mortier ny Ducs & Pairs; ou que s'il y avoit pour le Peuple des Charges à peu prés semblables, & pour les Personnes de Qualité des Dignitez équivalentes, c'étoit sous des noms differens: Mais de quel fruit auroit été la Morale ingenieuse & divertissante dont cette Piece est remplie si je m'étois servy de noms & de termes inconnus; & comment aurois-je pû faire sentir ce qu'on auroit eu beaucoup de peine à connoître? Je sçay qu'en ce temps- là il n'y avoit point de Libraires qui vendissent des Livres deffendus dans l'arriere Boutique, ny qui contrefissent ceux de leurs Confreres: mais comme toute la vigilance d'un Magistrat aussi équitable qu'austere ne peut si bien abattre cette Hydre qu'il n'en paroisse toujours quelque [a iv v^o] Teste, Esope ayant été l'un des plus raisonnables hommes du Monde, & la raison étant de tous les Païs, & de tous les Temps, s'il n'est pas vray qu'il ait dit ce que je luy fais dire, il est au moins vraysemblable qu'il n'auroit pas manqué de le dire si ce desordre eût été de sa connoisance. Et cela suffit.

Cette Comedie, à ce que disent les Gens singuliers dont j'ay parlé, n'a pas un assez grand Noeu, ny assez de jeu de Theatre: Et si cette Piece [a] quelque (3) Merite

(1) **manque dans H**

(2) **men fera A – D, F, J**

(3) **à quelque A**

justement de là que je prétens le tirer. Avoir pû trouver un Noeu à Esope c'est sans doute quelque chose, & les Maîtres de l'Art n'en peuvent disconvenir: Mais avoir eu le secret de la faire assez petit pour menager le terrain, & pour introduire sur la Scene des Personnages qu'on aime mieux y voir que les Personnages du Sujet même, c'est à mon sens ce qu'on en doit le plus estimer; ou pour mieux dire ce qu'on en doit blâmer le moins. Je m'en rapporte de bonne foy, à ceux qui ont honoré cette Comedie de leur presence. Qu'ils disent si les Scenes de la Precieuse, du Païsan, de la Mere dont on a enlevé la fille, de la Conseillere-Gardenotte, & toutes les autres de cette nature, qui ne tiennent au Sujet que par la rela- [a v r^o] tion que les Personnages ont avec Esope, ne leur ont pas fait plus de plaisir que tout le reste; & si la Morale Satirique & instructive dont elles sont accompagnées n'est pas ce qui les a le plus interessez? En un mot, cette Piece est d'un genre si different de toutes les autres qu'il la faut regarder, pour ainsi dire, avec d'autres yeux, & ne pas l'ajuster à des Regles, judicieuses à parler en general, mais chimeriques dans une espece aussi particuliere que celle-cy. Si j'osois faire une comparaison de la chose du monde la plus serieuse à celle qui l'est le moins, je dirois qu'il en est des Regles du Theatre comme des Loix de la Justice: Les Legislateurs ont marqué les cas où elles doivent être appliquées; & pour lors c'est une Leçon prescrite: mais dans des cas qui ne sont pas tombez sous leur sens, & que le hazard fait naître malgré toute la prevoyance humaine, c'est à ceux qui en sont les Juges à faire des Loix nouvelles pour les cas qui n'ont pas été préveus; & de même dans toutes les choses qui arrivent, & qu'on n'a pas été obligé de prévoir. Si ces grands Genies de l'Antiquité, je veux dire Aristote & Horace, qui ont donné des Regles pour le Theatre, avoient pû se figurer qu'Esope eût dû y paroître quelque jour, ils auroient cherché tout ce [a v v^o] qui auroit été capable de le faire reüssir; & puisqu'il n'a pas moins reüssi que s'ils m'avoient marqué le chemin que je devois suivre, il faut apparemment que j'aye trouvé ce qu'ils m'auroient enseigné eux-mêmes.

Pour le jeu de Theatre je l'ay menagé autant qu'il m'a été possible dans le peu que le Sujet m'en a fourny; & je croy même l'avoir assez heureusement disposé pour y attacher l'attention de l'Auditeur jusqu'à la derniere Scene, qui est l'effet le plus favorable qu'on puisse attendre en semblable occasion. Il y a une Scene de petits Enfans qui finit le troisiéme Acte, qui a eu assez de succez pour meriter d'avoir des Censeurs. C'est une Fable que j'ay mise en Action; & voicy les deffauts qu'on y a trouvez. On dit que ces Enfans ont trop d'esprit, & qu'Esope leur dit de trop belles choses. C'est un reproche qui me fait honneur; & j'aime mieux pecher de ce côté-là que de l'autre. Mais pour répondre à une si foible objection il est constant, & j'en prens l'experience à témoin, qu'on voit tous les jours de petits Enfans de Qualité qui ont une si belle éducation que rien n'est plus agreable que ce qu'ils disent; & peut-être même a-ce été à en entendre parler quelques-uns que j'ay pris le stile dont j'ay eu besoin pour ceux [a vi r^o] que j'ay mis sur le Theatre. Je dois aussi ce témoignage à la vérité que ceux qui y ont trouvé à dire ne sont pas d'une Qualité distinguée; & comme leurs Enfans ne parlent, peut-être pas si bien que ceux-là, ils ignorent ce que d'autres sont capables de dire. Pour Esope, qui ne laissoit échapper aucune occasion de bien faire, & qui aprés avoir eu la bonté de prêter l'oreille à leur petit Different les exhorte à avoir de l'amitié l'un pour l'autre, il n'y a rien dans ce qu'il leur dit qui ne soit dans la Fable que ces petits Enfans representent; & je consens volontiers que ce que je feray à l'avenir soit exposé à une pareille censure, à condition d'un même succez.

Quelque grand qu'il ait été j'avoüe que j'ay tremblé plus d'une fois, & que s'il y a de la gloire à acquerir à mettre quelque chose de nouveau au jour, il y a beaucoup de danger à craindre. Le Peuple qui s'attendoit à voir une Comedie ordinaire qui d'intrigue en intrigue & à la faveur de quelques plaisanteries va insensiblement à la fin de son sujet, fut surpris d'entendre des Fables, à quoy il ne s'attendoit pas, (car cette Piece n'avoit été promise que sous le nom d'Esope) & ne sceut d'abord de quelle maniere il devoit les recevoir; mais quand il comprit le sens qu'elles ren- [a vi v°] fermoient, & qu'il vid toute l'étenduë de leur application il se voulut mal de l'injustice qu'il m'avoit renduë; & ses applaudissemens furent, si j'ose me servir de ce terme, comme la reparation de son murmure: ainsi j'ay tous les Sujets imaginables de m'en loüer, & je n'en ay aucun de m'en plaindre.

Ce qui m'a paru de plus dangereux dans cette entreprise, ç'a été d'oser mettre des Fables en Vers aprés l'illustre Monsieur de la Fontaine, qui m'a devancé dans cette Route, & que je ne prétens suivre que de trés-loin. Il ne faut que comparer les siennes avec celles que j'ay faites pour voir que c'est luy qui est (4)le Maître: les soins inutiles que j'ay pris de l'imiter m'ont appris qu'il est inimitable; & c'est beaucoup pour moy que la gloire d'avoir été souffert où il a été admiré.

Fautes survenuës en l'Impression. (5)

Pages	**Vers**	**Fautes**	**Corrections**
7	21	Et par	Et va par
11	17	nos	vos
33	5	Je dors, je boy	Je dors comme je boy.

Le prix est de quinze sols en parchemin.

(4) voir que c'est luy qui est inimitable F, G
(5) Fautes etc. manque dans C – O

LE POUVOIR DES FABLES.

[e i r^o]

PROLOGUE.

AUtrefois dans Athene un fameux Orateur
Zelé pour la Cause Publique,
Craignant pour sa Patrie un extrême malheur
Mit en oeuvre sa Rethorique;
Et pour émouvoir l'Auditeur
Fit un Discours fort pathetique.
Mais le Peuple qui l'écoutoit
Immobile comme une Souche,
Ne fut non plus touché de ce qu'il débitoit
Que s'il n'eût pas ouvert la bouche.
Chagrin du peu de progrez
Que faisoit son Eloquence,

L'Anguille, ajoûta-t-il, l'Hyrondelle & Cerés
Firent un jour connoissance.
En voyageant toutes trois
Un fleuve impetueux s'oppose à leur passage;
L'Hyrondelle en volant, & l'Anguille à la nage,
Le passerent sans peine, & l'auroient fait vingt fois.
Et Cerés? dit le Peuple en élevant sa Voix:
Vous avez fait passer l'Anguille & l'Hyrondelle;
Monsieur le Philosophe en vous remerciant:
Mais Cerés, que devint-elle?
Dit encor une fois le Peuple impatient.
Messieurs, dit l'Orateur, vous dessillez ma veuë
Je me suis abusé jusques à ce moment:
La verité toute nuë
N'a pas assez d'Enjoûment:
Une Fable l'insinuë
Bien plus agréablement.

* * *

Messieurs les Auditeurs, qui par vôtre suffrage [e i v^o]
Rendez bon ou mauvais le Destin d'un Ouvrage,
Celuy qui va paroître est d'un genre nouveau:
S'il vous blesse il est laid, s'il vous plaît il est beau.

PROLOGUE *manque dans H*

Esope, si connu par ses sçavantes Fables,
Fut jadis condamné par des Juges coupables:
Mais ceux qui de son sort decident aujourd'huy
Ont trop d'integrité pour s'armer contre luy.
Il ne vous dira point de ces Quolibets fades,
Qui ne sont de bons mets que pour des goûts malades:
Par les Fables qu'il cite en differens endroits
Il se montre à vos yeux tel qu'il fut autrefois.
Pesez-en le merite en Juges équitables:
Vous le méconnoîtriez s'il ne disoit des Fables:
Et vous auriez dans l'ame un sensible dépit
De le voir par sa Bosse, & non par son Esprit.

[e ii r°]

ESOPE,

COMEDIE.

Faux-titre *manque dans C – O*

PERSONNAGES. (1)

ESOPE.
LEARQUE, Gouverneur de Sizique.
EUPHROSINE, Fille de Learque.
AGENOR, Gentilhomme de Lesbos, Amant d'Euphrosine.
DORIS, Confidente d'Euphrosine.
HORTENSE, Fille entestée de son Esprit.
DEUX DEPUTEZ de Sizique, tous deux fort vieux.
PIERROT, Paysan d'auprés de Sizique.
AGATON, Petit Garçon fort beau, fils de Learque.
CLEONICE, petite Fille fort laide, soeur d'Agaton.
Mr DOUCET, Genealogiste.
AMINTE, Mere d'une fille enlevée.
ALBIONE, Veuve d'un Conseiller-Notaire.
COLINETTE, Femme de Pierrot.
Mr FURET, Huissier.
DEUX COMMEDIENS. (2)
UN MAISTRE D'HOSTEL.
UN SOMMELIER.
UN LAQUAIS.

La Scene est à Sizique.

(1) LES ACTEURS. H
(2) COMEDIENS. C, D, F, G

[p. 1]

LES FABLES

D'ESOPE,

COMEDIE.

ACTE PREMIER.

SCENE PREMIERE.

LEARQUE, EUPHROSINE, DORIS.

LEARQUE.

ENFIN ce grand Esprit que je brûlois de voir,
L'incomparable Esope est icy d'hier au soir.
Tu le vis à loisir, nous soupâmes ensemble:
Ne me déguise rien, dy moy ce qu'il t'en semble.
Ne le trouves-tu pas un aimable homme?

EUPHROSINE.

Moy?

LEARQUE.

Oüy.

EUPHROSINE.

[p. 2]

Je n'en connois point qui luy ressemble.

LEARQUE.

[Et toy,]
Comment le trouves-tu? je te croi délicate.

DORIS.

Et ne voulez-vous point, Monsieur, que je le flatte?

LEARQUE.

Dis la verité pure, autrement ne dis mot.

DORIS.

Vous le souhaitez?

LEARQUE.

Oüy.

DORIS.

C'est un vilain Magot,
Franchement.

LEARQUE.

Quoy! friponne, estre assez arrogante...

DORIS.

Si cela vous déplaist, souffrez donc que je mente.
Me voila toute prête à dire qu'il est beau;
Que c'est, si vous voulez, un Adonis nouveau;
Qu'à le voir sans l'aimer, c'est en vain qu'on travaille;
Qu'il n'est pas dans le monde une plus riche taille;
Que du haut jusqu'au bas tout m'en paroît charmant;
Mais ce sera, Monsieur, mentir impudemment:
Et jamais au mensonge on ne m'a veu de pente,
Quoy que vice ordinaire à toute Confidente.

LEARQUE.

Il ne te plaist donc pas?

---

7 Et toy *manque dans A; ajouté à l'encre dans chaque exemplaire de A*

DORIS.

O que pardonnez moy,
Je ris incognito d'abord que je le voy;
Je ne puis m'en tenir quelque effort que je fasse:
Il n'est point de laideur que son museau n'efface:
Et le reste au visage est si bien assorti [p. 3]
Qu'il n'a membre en son corps qui ne soit mal bâti.
Celuy qui le forma choisit un sot modele.

LEARQUE.

S'il luy fit le corps laid, il luy fit l'ame belle.
Plust aux Dieux, tel qu'il est, qu'Euphrosine luy plût!

EUPHROSINE.

Et si je luy plaisois quel seroit vostre but,
Mon Pere?

LEARQUE.

Ignores-tu jusqu'où va ma tendresse,
Et combien dans ton sort ton Pere s'interesse?
Jamais aucun plaisir ne m'a semblé si doux,
Que celuy que j'aurois de le voir ton Epoux.

EUPHROSINE.

Mon Epoux, juste Ciel! que venez-vous de dire?

DORIS.

Bon: ne voyez-vous pas qu'il nous veut faire rire?

LEARQUE.

Esope, selon toy, n'est donc pas son fait?

DORIS.

Non.
Pour épouser un Singe il faut estre Guenon.
Car entre nous, Monsieur, Esope est un vrai Singe:
Celuy qui vous est mort, quand il avoit du linge,
Un juste-au-corps, des gands, & son petit chapeau,
Au gré de tout le monde étoit beaucoup plus beau;
Et s'il faut qu'à vos yeux mon cœur se dévelope,
Je l'aurois êpousé plus volontiers qu'Esope.

LEARQUE.

S'il faut estre animal pour meriter ta foy,
Le Singe que j'avois étoit digne de toy.
Pour moy que l'esprit charme en quelque endroit qu'il brille,
Je ne tiens point Esope indigne de ma Fille.

DORIS [p. 4]

Et quel diantre d'esprit trouvez-vous donc qu'il ait?

LEARQUE *à Euphrosine*

Ecoute. En peu de mots en voicy le Portrait.
Il est laid; mais croy moy, c'est une bagatelle:
Un homme est assez beau quand il a l'ame belle;
Et dans le plus bas rang comme dans le plus haut,
Toujours celle d'Esope a paru sans deffaut.
Crésus à qui le Ciel fit un si beau partage
Qu'une Richesse immense est son moindre avantage;
Crésus, le plus heureux de tous les Potentats,
Se repose sur luy du soin de ses Etats.
Dans un Poste si haut à quoy crois-tu qu'il pense?
A vivre dans le faste, & parmy l'opulence?
A bâtir sa Maison des dépoüilles d'autruy?
Il sert le Roy, le Peuple, & ne fait rien pour luy.
Au riche comme au pauvre il tâche d'estre utile;
Et depuis quatre mois qu'il va de Ville en Ville,
Il enseigne aux Petits à faire leur devoir,
Et tempere des Grands l'impetueux pouvoir:
A la droite raison il veut que tout se rende;
Qu'en pere de son Peuple un Monarque commande;
Et que mourant plûtôt que d'oser le trahir,
Un Sujet se restraigne à l'honneur d'obeïr.
Comme il est dangereux d'estre trop veritable
Il se sert du secours que luy préte la Fable;
Et sous les noms abjects de divers animaux,
Applaudit les vertus, & reprend les deffauts.
Quoi que par bienseance il ne nomme personne,
Si l'on ne se connoît au moins on se soupçonne:
Et par cette industrie, en quelque rang [qu'on] soit,
Il apprend à chacun à faire ce qu'il doit.
Voila sincerement le Portrait de son ame.

---

77 **quon** *A, B*

DORIS.

Que vous seriez, Monsieur, un bon Peintre de femme!
Vous fardez vos Portraits admirablement bien. [p. 5]

LEARQUE.

Quoy, ma fille soûpire, & ne me répond rien?
Un merite si grand ne la rend point sensible?

EUPHROSINE.

Mon pere, à mon devoir il n'est rien d'impossible,
Mais Esope est si laid!

LEARQUE.

Son esprit est si beau!
La raison sur les yeux doit te mettre un bandeau:
Et s'il faut qu'avec toy je m'explique sans feinte,
Ce qu'il a de pouvoir me donne un peu de crainte.
Par tout où de Crésus s'étendent les Etats,
Il dépose à son gré les mauvais Magistrats.
Change les Gouverneurs, qui par coups & menaces,
Eloignez de la Cour, tyrannisent leurs Places.
Casse les Officiers, qui pour faire les fins,
Au lieu de cent Soldats n'en ont que quatre-vingts;
Et de peur que la fraude à la fin ne soit sceuë,
Ont des gens empruntez pour passer en reveuë,
Exclud les Conseillers de donner leurs Avis,
Quand pendant l'Audiance ils se sont endormis.
Bannit les Avocats, dont l'élegante prose
A l'art de rendre bonne une méchante Cause.
Abolit les Brelans, ces honteux Rendez-vous,
Où l'on tient une Ecole à dresser des Filoux.
Deffend aux Medecins, que nos maux enrichissent,
De prendre de l'argent que de ceux qu'ils guerissent.
Enfin dans cet Etat de l'[un] à l'autre bout,
Esope a sans reserve inspection sur tout.
Quoy que ma probité soit exempte d'atteintes,
Peut-être contre moy luy fera-t'on des plaintes:
Gouverneur de Sizique, où mon sort est si doux,
Je joüis d'un bon-heur qui me fait des jaloux;

---

105 **l'nn** ***A, B***

Et si jusqu'à t'aimer tu pouvois le contraindre,
Il fermeroit la bouche à qui voudroit se plaindre,
A son appartement je vay voir s'il est jour; [p. 6]
Sçavoir s'il est visible, & luy faire ma cour;
Luy marquer par mon zele & par ma deference...

DORIS.

Vous n'irez pas bien loin, je le voy qui s'avance:
Quel Marmouset!

SCENE II.

ESOPE, LEARQUE, EUPHROSINE,

DORIS.

LEARQUE.

J'Allois pour voir vôtre Grandeur,
Et sçavoir...

ESOPE.

Doucement, Monsieur le Gouverneur.
Dans la Place où je suis, plus fragile qu'un verre,
Je vais à petit bruit, & vole terre à terre:
Le terme de Grandeur ne fut point fait pour moy.

LEARQUE.

Eh, Monsieur, c'est un grade acquis à vôtre Employ,
Tous vos predecesseurs jusqu'au temps où nous sommes...

ESOPE.

Tous mes predecesseurs ont été de grands hommes,
Dont le sang, le service, & les hautes vertus,
A ne rien déguiser, meritoient encore plus.
Pour moy qu'un Sort bizare a tiré de la boüe,
Moy de qui pour un temps la Fortune se joüe,

A quoy que ce puisse estre où je sois destiné,
Je me souviens toujours de ce que [je] suis né.
La Fortune est à craindre où manque la Sagesse.
Estre aujourd'huy Grandeur, & demain Petitesse, [p.7]
Garder un long Silence aprés un peu de Bruit,
C'est le commun destin des Grands, par cas fortuit.
Tréve donc de Grandeur pour un homme si mince.

LEARQUE.

Et dequoy vous sert donc d'être auprés d'un grand Prince?
Si les Titres d'honneur ne vous entestent pas,
La Richesse à vos yeux doit avoir des appas:
Vous estes dans un Poste, où vous n'avez qu'à prendre;
Tout l'Argent de Crésus dans vos mains se vient rendre;
Tous ceux qui devant vous remplissoient vos Emplois,
Quand ils les ont quittez estoient de petits Rois:
C'estoit une Fortune aussi haute que prompte.

ESOPE.

Monsieur le Gouverneur, que je vous fasse un Conte,
Je vous prie.

LA BELETTE ET LE RENARD.

AUtrefois la Belette ayant faim,
Par un trou fort étroit entra dans une Grange,
Où trouvant quantité de Grain,
Elle se croit de Nôce, & d'abord elle mange
Pour le jour, pour la veille, & pour le lendemain.
Enfin, la pance pleine, & toute rebondie,
Elle a peur d'être prise en ce flagrant délit,
Et [va] par son entrée essayer la sortie;
Mais elle étoit trop grosse, ou le trou trop petit.
Un Renard sur ces entrefaites
Passant en cet endroit, & la voyant pâtir,
C'est en vain, luy dit-il, grosse comme vous étes,
Que vous esperez de sortir.
Je vous plains d'être en ce giste;
Mais il peut arriver pis,

---

130 je ***manque dans A, B***
152 va ***manque dans A, B***
152 sa sortie ***leçon (écrite à l'encre) dans C, D, K***

Si vous ne rendez bien viste,
Tout ce que vous avez pris.

* * *

A l'application.

LEARQUE.

Elle est aisée à faire.

ESOPE.

Tant mieux. La verité ne peut être trop claire.
Ceux de qui la conduite, exempte de soupçons,
A qui se voüe au Prince, offre tant de leçons,
Pour s'en formaliser vont trop droit en besogne.
Pour celuy qui sur tout pince, lezine, rogne,
Qui du bien de Crésus s'attribuant le quart,
Ne manie aucun sou dont il ne prenne un liard;
Quand il croit sa Fortune & solide & complette,
Il éprouve le sort qu'éprouva la Belette;
Et surpris dans la Grange auprés du tas de Grain,
Il ne peut en sortir, pour en être trop plein.
Tâchons d'avoir du bien qui ne courre aucun risque.
Un grand fonds de Vertu rarement se confisque:
En faveur, en disgrace on est seur d'en joüir.

LEARQUE.

Monsieur, on est charmé quand on peut vous oüir.
Mais faisons, je vous prie, une petite pose.
Peut-être le matin prenez-vous quelque chose:
Un Boüillon, du Caffé. Que vous plaît-il des deux?

ESOPE.

Avez vous du Caffé qui soit bon?

LEARQUE.

Merveilleux.

ESOPE.

Prenons-en. Ordonnez que l'on nous en appreste.
Il n'est rien de si bon contre le mal de teste.
Quand j'en prends le matin, je suis gay tout le jour, [p. 9]

LEARQUE.

Vous en aurez icy de meilleur qu'à la Cour:
Et dans peu de momens on va vous satisfaire.

ESOPE.

Quoy, faut-il que vous même...

LEARQUE.

Oüy, j'y suis necessaire.
à Euphrosine.
Entretenez Monsieur, & ne le quittez pas.

SCENE III.

ESOPE, EUPHROSINE, DORIS.

ESOPE.

ME voila, sans deffence, en proye à vos appas,
Ma belle Enfant. Mon cœur a beaucoup de foiblesse;
Un coup d'œil m'assassine, ou tout au moins me blesse.

EUPHROSINE.

Monsieur, ne craignez rien. Les Dieux me sont témoins,
Que je n'y veux donner ny mes vœux ny mes soins.

ESOPE.

J'entens. Ce n'est pas là ce qui vous inquiete.
Rarement à vôtre âge on est sans amourette.
Vous avez le cœur pris.

EUPHROSINE.

Moy?

DORIS.

Ne déguisez rien.
Monsieur est honnête homme, il en usera bien:
Il peut, par le credit qu'il a sur vôtre Pere, [p. 10]
Donner un croc-en-jambe à l'hymen qu'il veut faire.
Oüy, Monsieur, ma Maîtresse aime depuis deux ans
Un Gentilhomme aimable & des plus complaisans;
Jeune, galant, bien fait, s'il en est dans le monde;
Propre en linge, en habits, grande perruque blonde;
Enfin de la façon dont le Ciel l'a formé,
Il n'est point de mortel plus digne d'être aimé.
Monsieur le Gouverneur, que la grandeur enteste,
Aux appas de sa fille, offre une autre conqueste;
Et veut dés aujourd'huy qu'elle applique son soin,
A donner de l'amour au plus vilain Marsoüin...
Voyez la pauvre Enfant, elle s'en desespere.
Et vous êtes si bien avec Monsieur son Pere,
Qu'un mot que vous diriez, le feroit consentir
S'il veut qu'elle soit femme, à la mieux assortir;
A luy donner au moins un homme en bonne forme:
Et non comme il veut faire une figure énorme,
Que dans sa belle humeur, la Nature en joüant,
A faite moitié Singe, & moitié Chat-huant.
L'agreable bijou qu'un mary de la sorte!

ESOPE.

Et comment nomme-t'on ce Chat-huant?

EUPHROSINE.

Qu'importe?
On vous en dit assez disant qu'il me déplaist.
Mon Pere au premier mot devinera qui c'est.
Ne vous informez point d'un nom qui me chagrine.

ESOPE.

Il ne faut pas toûjours s'arréter à la mine.
Par exemple:

LE RENARD ET LA TESTE PEINTE.

JAdis un Renard affamé
Rôdant par-cy, par-là, pour faire bonne queste, [p. 11]
Entra dans la maison d'un Peintre renommé,
Et trouva sous sa patte une fort belle Teste.
Une Perruque blonde, ainsi qu'à vôtre Amant
De l'éclat de son teint relevoit l'agrément.
O Ciel! s'écria-t'il, qu'elle me semble belle!
C'est grand dommage vraiment
Qu'elle n'ait point de cervelle.

* * *

Combien devant nos yeux, qui ne s'en doutent pas,
Sous leur grande Perruque étalent des appas
Qui de la Teste peinte étant le vrai modelle
Ont beaucoup d'apparence, & n'ont point de cervelle?
De vôtre Sexe même, & vous le sçavez bien,
Pour paroistre charmante on ne neglige rien:
Et quel malheur plus grand que celuy d'être belle,
Lors qu'à beaucoup d'appas on joint peu de cervelle?
Peut-être que l'Amant épris de [vos] attraits
Est une belle teste, à la cervelle prés:
Il plaist, il touche, il charme, à n'en voir que l'écorce,
Au fond, l'esprit & luy sont peut-être en divorce.

DORIS.

Je le connois, Monsieur, & dedans & dehors;
Son esprit, j'en suis sûre, est mieux fait que son corps;
Je puis, sans le flatter, dire à son avantage
Qu'il l'a beaucoup plus grand que tous ceux de son âge.
Ce n'est pas d'aujourd'huy que j'en ay fait l'essay.

EUPHROSINE.

Ce qu'elle vous en dit est assurément vray:
Je puis vous en parler de science certaine.
S'il faut nous separer figurez-vous ma peine; [p. 12]
Ce sera pour mon cœur le coup le plus tuant...

---

236 **& non point** ***F, G***
241 **nos attraits** ***A, B***
248 **plus beau** ***C, H – L, N, O***

ESOPE.

Vous ne voulez donc point tâter du Chat-huant?

DORIS.

Eh fy, Monsieur! comment voulez-vous qu'elle en tâte?
Il n'est ragoût si bon qu'un tel morceau ne gâte,
C'est un mets dégoûtant qui fait bondir le cœur.

EUPHROSINE.

Direz-vous à mon Pere un mot en ma faveur?
Puis-je l'esperer?

ESOPE.

Oüy, je prétens faire en sorte
Que dés demain...

SCENE IV.

ESOPE, EUPHROSINE, DORIS,

un OFFICIER.

DORIS.

VOicy le Caffé qu'on apporte.

ESOPE *à Euphrosine.*

N'en prenez-vous pas?

EUPHROSINE.

Non.

ESOPE.

Quoy, jamais?

EUPHROSINE.

Rarement.

ESOPE.

Prenez-en avec moy, s'il vous plaist, autrement
Il pourroit à vos feux arriver du désordre; [p. 13]
Et par le Chat-huant je vous laisserois mordre.

DORIS.

Et prenez-en, Madame, au lieu d'une fois, deux,
Et garantissez-vous d'un oiseau si hideux.

EUPHROSINE.

Le Caffé me fait mal.

DORIS.

Je boirois de l'absinte
Pour trouver à sortir d'un pareil labyrinte.

EUPHROSINE.

Que l'on m'en donne donc, puisqu'il vous plaist ainsi,
Monsieur.

ESOPE.

La Confidente en prendra bien aussi?
Je voy bien qu'à la joye elle n'est pas contraire.

DORIS.

Oh pour moy, volontiers, je suis fille à tout faire.

ESOPE.

Allons: à la santé de vôtre époux futur.
Vous me ferez raison que je crois?

EUPHROSINE.

A coup sûr.
Vous touchez de mon cœur un endroit trop sensible
Pour vous rien refuser qui luy semble possible.
Quand vous verrez mon Pere appuyez fortement
Sur les perfections de mon premier Amant.
J'attends tout d'un secours aussi grand que le vôtre.

DORIS.

Et sur tout, pesez bien sur les deffauts de l'autre.
Faites-en un portrait vilain au dernier point,
Quoy que vous en disiez, vous ne l'outrerez point.

EUPHROSINE.

Dites que le premier, digne de ma tendresse,
Est l'homme le mieux fait qu'ait veu naître la Grece.

DORIS [p. 14]

Dites que le second bâty tout de travers
Est le plus laid Mâtin qu'ait produit l'Univers.

EUPHROSINE.

Persuadez-luy bien qu'Agenor, je le nomme,
A toutes les vertus qui font un honneste homme.

DORIS.

Persuadez-luy bien qu'il n'est vice si bas
Que n'ait le Godenot que je ne nomme pas.

EUPHROSINE.

Que pour l'un chaque jour renouvellant mon zele
Jusqu'au dernier soûpir je luy seray fidelle.

DORIS.

Que pour l'autre, mal propre au lien conjugal,
S'il se joüe à l'hymen il s'en trouvera mal:
Et qu'il a sur le front une table d'attente
Qui de sa destinée est la preuve éclatante.
Voila ce qu'à son Pere il faut faire sçavoir.

SCENE V.

ESOPE, EUPHROSINE, DORIS,

un LAQUAIS, un OFFICIER.

LE LAQUAIS.

UNe Dame est là-bas qui demande à vous voir,

Monsieur.

ESOPE.

Quelle Dame est-ce?

LE LAQUAIS.

Une Dame qu'on nomme...
à Doris.
C'est cette Dame... & là... plus sçavante qu'un homme;
Dont l'esprit est si creux qu'on n'en voit point le fond, [p. 15]
Et qui ne parle pas comme les autres font.

DORIS.

Je sçay qui c'est. Sortons, rendons-luy ce service,
L'entretien d'une femme est pour elle un supplice.
Elle veut du pompeux jusqu'au moindre discours.

ESOPE.

Qu'elle entre.

Le Laquais rentre.

EUPHROSINE.

Mon espoir est dans vôtre secours:
Vous me l'avez promis, & je le vais attendre.

ESOPE.

Allez, je feray plus que vous n'osez prétendre.

SCENE VI.

HORTENSE, ESOPE.

HORTENSE.

LA Déesse à cent voix, qui du sein d'Atropos
Sauve les noms fameux & les faits des Heros,
La Renommée, enfin, vous met en paralelle...

ESOPE *bas.*

Quelle diantre de jargon celle-cy parle-[t'elle]?
Par charité, Madame, ou daignez m'excuser,
Ou daignez vous résoudre à vous humaniser:
Votre stile est si haut que j'ay peine à l'entendre.

HORTENSE.

Je ne croy pas, Monsieur, que j'en puisse descendre;
Je l'ay plus de cent fois vainement éprouvé;
J'ay naturellement l'esprit trop élevé:
Vôtre peine à m'entendre est une raillerie,
Vous avez l'Intellect d'une Cathegorie... [p. 16]

ESOPE.

Madame, en verité ce jargon m'est suspect,
Je n'ay jamais appris ce que c'est qu'Intellect;
Et je croy fortement, tant j'ay la teste dure,
Qu'une Cathegorie est une grosse injure.
A quoy sert de parler que pour être entendu?
Et si je vous entends je veux être pendu.

HORTENSE.

Quoy, l'Esprit le plus beau de tout nôtre hemisphere
Voit de l'opacité parmy tant de lumiere!
Ce qui passe chez vous pour des obscuritez
Chez le monde poly sont des Amenitez.
Descendre d'où je suis au langage vulgaire
Est un éboulement que je ne sçaurois faire:
Le chemin m'en paroit impraticable & long.

ESOPE.

Eh de grace, Madame, à qui parlez-vous donc?
Avant qu'un serviteur puisse vous être utile
Il luy faut plus d'un an pour sçavoir vôtre stile;
Et pour les étrangers, à parler franchement,
Nul ne peut vous entendre à moins d'un truchement.
Estes-vous mariée?

---

312 **parle-telle?** *A, B*

HORTENSE.

O Ciel! quelle demande!
Puis-je l'être?

ESOPE.

Eh ouyda, vous étes assez grande.

HORTENSE.

Quand les gens comme moy veulent se marier
Il leur faut même espece à qui s'apparier.
Voulez-vous qu'un Mary dans ses heures brutales
Pour transmettre aprés luy ses vertus animales,
Introduise à la vie un nombre de Marmots
Qui tiendront de leur Pere, & qui seront des sots?

ESOPE. [p. 17]

Mais qui voyez-vous donc? car c'est là ma surprise.

HORTENSE.

Je me tiens dans ma chambre où je me tranquilise.
J'aime mieux être seule, & dans l'inaction
Que de mes-allier ma conversation.
Un discours sans figure est un mets que j'abhorre,
Je veux de l'antithese ou de la metaphore;
Des mots pleins d'énergie & d'érudition,
Comme inintelligible, inaffectation:
J'y trouve une beauté presque inimaginable.

ESOPE.

Voudriez-vous bien entendre une petite Fable,
Madame?

HORTENSE.

Volontiers. L'apologue me plaist,
Quand l'application en est juste.

ESOPE.

Elle l'est.

LE ROSSIGNOL.

UN Rossignol inquiet & volage,
Dont le gazoüillement étoit touchant & beau,
Ennuyé du même ramage
Voulut en apprendre un nouveau.
Il avoit pour voisine une jeune Linotte
Qui d'un Flûteur expert recevoit des leçons;
Et qui du flageolet imitant tous les sons,
Sembloit avoir appris jusqu'à la moindre notte.
Le Rossignol persuadé
Qu'à ses vastes clartez rien n'étoit difficile,
Apprit grossierement un ramage guindé,
Et de tous les Oyseaux se crut le plus habile.
Mais son sort fut si cruel
Par son imprudence extrême, [p. 18]
Que dans ses plus beaux airs rien n'étant naturel,
Dés qu'il vouloit siffler, on le siffloit [luy]-même.

* * *

Pour peu qu'à cette Fable on ait d'attention
On ne peut se méprendre à l'application.
Et comme j'apperçois de la mes-alliance
Entre vôtre merite & mon insuffisance,
Pour me faire un devoir de n'en pas abuser
Je vous laisse un champ libre à vous tranquiliser.

En s'en allant.

Chaque mot qu'elle dit m'étourdit & m'assomme.

HORTENSE.

Hé quoy, ce Mirmidon passe pour un grand Homme!
Je ne puis revenir de ma perplexité:
Je l'aurois méconnu sans sa difformité.
Je ne sçay quelle étoille à mon heure premiere
Sur le cours de ma vie influa sa lumiere,
Mais je voy peu d'Esprits, à les parcourir bien,
Qui soient de l'étenduë & de l'ordre du mien.

Fin du premier Acte.

---

374 **iuy-même** *A, B*
388 **de l'orde** *F, G*

[p. 19]

ACTE II.

SCENE I.

EUPHROSINE, DORIS.

DORIS.

EH, bons Dieux! qu'avez-vous? qui vous rend éperduë?

EUPHROSINE.

Je n'en puis plus.

DORIS.

D'où vient?...

EUPHROSINE.

Doris, je suis perduë.

DORIS.

Qu'est-ce qu'on vous a fait, & que dois-je penser?

EUPHROSINE.

Il faudroit, que je crois, un peu me délacer.
J'étouffe.

DORIS.

Hé bien venez: ça que je vous délace.

EUPHROSINE.

Arreste. Je suis mieux; & voila qui se passe.

SCENE PREMIERE *F, G, H, L, M*

DORIS.

Courage, efforcez-vous, reprenez vos esprits.
Qu'avez-vous?

EUPHROSINE. [p. 20]

Ce que j'ay? Je ne puis avoir pis.

DORIS.

Depuis si peu de temps que je ne vous ay veuë,
Vous est-il arrivé quelque affaire impréveuë?

EUPHROSINE.

Juges-en par mon trouble & par mon desespoir,
Ou prête-moy l'oreille, & tu vas tout sçavoir.
Apprens, Doris, apprens que le fourbe d'Esope...

DORIS.

Achevez, qu'a-t'il fait le malheureux Cyclope?

EUPHROSINE.

Loin de tenir parole, & d'être mon appuy,
Il n'a pas dit mot qui n'ait été pour luy.
Il m'épouse demain par l'ordre de mon Pere.

DORIS.

Luy, Madame!

EUPHROSINE.

Est-ce à tort que je me desespere?
Parle-moy nettement, nous sommes sans témoins,
Est-ce à tort...

DORIS.

Non, Madame, on se pendroit à moins.
De vôtre desespoir quelque effet qu'on redoute,
Estre femme d'Esope est encor pis sans doute:
Et se precipiter d'un haut rocher à bas,
Est un sort moins cruel que d'entrer dans ses bras.
Comment? Quand ce Magot, d'odieuse memoire,

A vôtre Epoux futur vous a tantôt fait boire,
C'étoit à sa santé, sans que vous le crussiez,
Que ce malin Bossu vouloit que vous bûssiez!
Il faut qu'assurément vôtre Pere radote.

EUPHROSINE.

Quel Epoux il me donne, & quel Amant il m'ôte!
Tu sçais ce qu'est Esope, & ce qu'est Agenor.

DORIS.

Belle comparaison! c'est du fer & de l'or.
Mais Agenor aussi, dont l'amour est extrême, [p.21]
N'est guere impatient de revoir ce qu'il aime:
Depuis qu'il est party pour aller à Lesbos,
De son Pere deffunt empaqueter les os,
Deux mois sont écoulez, & voicy le troisiéme...

EUPHROSINE.

Qu'apperçois-je, Doris?

DORIS.

Madame, c'est luy même!

SCENE II.

AGENOR, EUPHROSINE, DORIS.

AGENOR.

QUoy, dans vôtre entretien avois-je quelque part
Euphrosine?

EUPHROSINE.

Agenor! que vous arrivez tard!

---

425 Des mois *F, G*

AGENOR.

Il est vray; mais Madame, une tempête étrange...

DORIS.

Madame est mariée, ou peu s'en faut.

AGENOR.

Qu'entens-je!
Dis-tu vray?

DORIS.

Que trop vray.

AGENOR.

Quoy, sincérement?

DORIS.

Oüy.
Un Rival venu d'hier, vous en sévre aujourd'huy: [p. 22]
Voila la verité toute pure.

AGENOR.

Ah, Madame!
Avez-vous pû trahir une si belle flâme?
Avez-vous pû...

EUPHROSINE.

Calmez ces mouvemens jaloux,
Je suis dans ce malheur plus à plaindre que vous.
Lors que de trahison vôtre cœur me soupçonne,
Il ne sçait pas qu'Esope est l'Epoux qu'on me donne.

AGENOR.

Esope! Et le moyen de presumer cela?
L'homme le plus mal fait! le plus laid!

DORIS.

Le voila.
Il s'est rendu fameux par sa méchante mine,
On le connoît par tout.

AGENOR.

Pardon, belle Euphrosine.
Vôtre Pere, sans doute, use icy de ses droits:
Vous avez trop bon goût, pour un si mauvais choix.
Esope!

EUPHROSINE.

Tel qu'il est, il a charmé mon Pere:
Il est infatué de son esprit austere:
Ses égards vont pour luy par delà le respect.

DORIS.

Choisissez pour gemir un endroit moins suspect.
L'appareil que voila doit assez vous apprendre,
Que les Cliens d'Esope en ce lieu se vont rendre:
Dans ce Fauteuil doüillet, vôtre Epoux prétendu,
Que de tout vôtre cœur, vous voudriez voir pendu,
Va donner audiance à qui voudra se plaindre;
Et s'il vous apperçoit vous en devez tout craindre.
Dans vôtre appartement menez Monsieur, sans bruit;
Et si vous y parlez, que ce soit avec fruit: [p. 23]
A soûpirer gratis on perd plus qu'on ne gagne;
Il faut aller au fait, sans battre la campagne.

EUPHROSINE.

Et si mon Pere y vient, quel sera mon dépit?

DORIS.

L'amour que vous avez vous fait perdre l'esprit.
Avant que vôtre Pere ait ouvert vôtre porte,
Monsieur sera sorty, si vous voulez qu'il sorte;
Le petit escalier qui conduit au jardin,
Contre toute surprise offre un secours soudain;
Allez sans hésiter où mon zele vous pousse.
Hé bien! ne voila pas le Chat-huant qui tousse?
Passez de ce côté de peur d'en être vûs:
L'Animal qui paroît rend tous mes sens émûs,
Il n'est pas dans le monde un plus hideux visage.

SCENE III.

ESOPE, LEARQUE, DORIS.

LEARQUE.

DOris?

DORIS.

Monsieur.

LEARQUE.

Hé bien, ma fille est-elle sage?

DORIS.

Fort sage.

LEARQUE.

Que fait-elle?

DORIS.

Elle ronge son frein,
Trouve le jour obscur, quoy qu'il soit fort serain,
A vôtre volonté tache d'être rebelle, [p. 24]
Et la plus sage fille en feroit autant qu'elle.
Où diantre, je vous prie, est vôtre jugement?

LEARQUE.

J'ay parlé, c'est assez, point de raisonnement.
Monsieur luy fait honneur. Dis encor le contraire:

DORIS.

Moy? non; mais c'est, je croy, tout ce qu'il luy peut faire.
Monsieur a ses raisons, que je ne blâme pas;
S'il aime ma Maîtresse, il luy voit des appas;
Mais Euphrosine aussi n'est pas moins raisonnable,
Et Monsieur qu'elle hait est assez haïssable.
C'est une verité que je ne puis trahir,
L'un a raison d'aimer, & l'autre de haïr.
Voilà mon sentiment, puisqu'on veut qu'il éclate.

ESOPE.

J'ay prés de vôtre Fille une bonne Avocate!
Qu'en dites-vous?

LEARQUE.

Sortez, impudente.

DORIS.

Je sors.
Mais aurez-vous raison, quand je seray dehors?
Serez-vous moins gêné par vôtre conscience?

ESOPE.

De l'air dont elle parle en ma propre presence,
Dieu sçait comme en secret je suis sur le tapis.

DORIS.

Je dis la verité: que diray-je de pis?
Adieu.

SCENE IV. [p. 25]

LEARQUE, ESOPE.

LEARQUE.

SUr ma parole ayez l'ame tranquile.
Je sçay qu'à son devoir Euphrosine est docile,
On l'arrache avec peine à son premier Amant.

ESOPE.

L'aime-t-elle?

LEARQUE.

Beaucoup.

ESOPE.

Et luy?

LEARQUE.

Pareillement.

ESOPE.

Est-il jeune?

LEARQUE.

A peu prés de l'âge de ma fille.

ESOPE.

Riche?

LEARQUE.

Fort riche.

ESOPE.

Noble?

LEARQUE.

Oüy, de bonne famille.

ESOPE.

Bien fait avec cela?

LEARQUE.

Parfaitement bien fait.

ESOPE. [p. 26]

Pourquoy trouvez-vous donc que je sois mieux son fait?
C'est changer un bon champ contre une terre en friche.
Je ne suis, comme on sçait, Jeune, Noble, ny Riche.
Pour bien fait, écoutez, je suis de bonne foy,
D'abord qu'un enfant crie, on luy fait peur de moy.
Qui vous peut obliger à l'effort que vous faites?

LEARQUE.

Et comptez-vous pour rien la faveur où vous êtes?
Beau-pere d'un tel homme, & seur de son credit,
Il n'est aucun espoir qui me soit interdit.
J'ay pour vous préferer de legitimes causes.

ESOPE.

Fort bien. Ayez donc soin d'aplanir toutes choses.

LEARQUE.

Je vay prés de ma fille user de mon pouvoir.

ESOPE.

Adieu. Qu'on fasse entrer ceux qui voudront me voir.

SCENE V.

DEUX VIEILLARDS, ESOPE.

I. VIEILLARD.

MOnseigneur...

ESOPE.

Tout d'abord j'interromps cette phrase:
Le mot de Monseigneur demande trop d'emphase: [p. 27]
Pour gens faits comme moy je l'abroge.

II. VIEILLARD.

Monsieur.
Nôtre Ville demande un nouveau Gouverneur.

---

513 **LE PREMIER VIEILLARD.** *P*
514 **traîne un peu trop** *P*
515 **Pour Gens** *P*
515 **LE SECOND VIEILLARD.** *P*
515 **Monsieur,** *P*

ESOPE.

Et la raison?

I. VIEILLARD.

Le nôtre est devenu trop riche:
On ne peut tant gagner, à moins que l'on ne triche.
Quand il vint s'établir dans son Gouvernement,
Il avoit pour cortége un Laquais seulement,
Et pour tout équipage une méchante Rosse;
Maintenant six chevaux font rouler son Carosse:
Il serre le [bouton] quand on s'adresse à luy...

ESOPE.

Passons. Tous ses pareils font de même aujourd'huy.
Menace-t-il? bat-il? sans relâche ni tréve?

LE II. VIEILLARD.

Non, Monsieur, mais...

ESOPE.

Quoy, mais?

LE II. VIEILLARD.

Il est si gras qu'il créve:
A s'engraisser encor il applique ses soins.

ESOPE.

Un autre qui viendra, s'engraissera-t'il moins?

---

517 Hé, *P*
517 Riche. *P*
518 gagner à *P*
519 s'intaller dans son Gouvernement *P*
520 pour tout train *P*
521 pour toute montûre une méchante Rosse: *P*
522 Chevaux font roûler son Carosse. *P*
523 le bâton *leçon de A & B, corrigée à l'encre*
525 Menace-t-il? Bat-il, *P*
526 LE PREMIER VIEILLARD. [...] LE PREMIER VIEILLARD *P*
528 viendra s'engraissera-t-il *P*

Pour courir à la proye, il est le plus alaigre.
Rien n'incommode tant qu'un nouveau Seigneur maigre;
A chaque heure du jour vous l'avez sur les bras;
Il le faut engraisser, & le vôtre est tout gras:
Et c'est pour le Public une chose moins aigre
D'entretenir un gras, que d'engraisser un maigre.
Qu'avez-vous à répondre à cela?

LE [I.] VIEILLARD. [p. 28]

Nous, Monsieur?
Que nous ne voulons plus de nouveau Gouverneur.
Fut-il encor plus gras, nous garderons le nôtre.

LE II. VIEILLARD.

Monsieur, à cette grace ajoûtez-en une autre.
Le peuple pour son Prince est tout zele, tout feu,
Obtenez de Crésus qu'il s'en souvienne un peu:
Plus il est élevé sur les autres Monarques,
Et plus de sa bonté nous attendons de marques.
Auprés d'un si grand Roy prenez nos interêts.

ESOPE.

Voicy pour vous répondre un Apologue exprés.

---

529 Proye il sera plus *P*
530 maigre: *P*
531 bras: *P*
532 gras; *P*
534 un Gras que d'engraisser un Maigre. *P*
535 LE II. VIEILLARD *A, B, C, D, K*
535 LE SECOND VIEILLARD. *P*
537 gras nous *P*
538 LE PREMIER VIEILLARD *P*
539 Le Peuple, pour son Prince, est tout zele, tout feu: *P*
540 qu'il le soulage un peu. *P*
541–2 Si sa main ne l'appuye il faudra qu'il succombe / Dés-qu'il s'offre un fardeau c'est sur luy seul qu'il tombe: *P*
544 Voicy, pour vous répondre, *P*

LES MEMBRES ET L'ESTOMACH.

LEs Petits sont sujets à des fautes extrêmes.
Un jour les Membres las de nourir l'Estomach,
Dirent que tout leur gain alloit dans ce Bissac;
Et croyant se vanger se punirent eux-mêmes.
Qu'il travaille s'il veut manger.
Chacun à son devoir ne veut plus se ranger:
Les Pieds cessent d'aller, les Mains cessent de prendre;
Et lorsque l'Estomach voulut les avertir,
Qu'ils se repentiroient de le laisser pâtir,
Aucun d'eux ne voulut l'entendre.
Pendant que l'on s'applaudissoit
D'avoir fait un si beau divorce,
Plus l'Estomach s'affoiblissoit,
Moins les Membres avoient de force.
Enfin quand de gronder les Membres furent las,
Voulant prendre un air moins farouche,
Les Pieds ne pûrent faire un pas,
Ny les débiles Mains aller jusqu'à la bouche: [p. 29]
Et manque de secours l'Estomach rétrécy,
Etant mort, par leur faute, ils moururent aussi.

* * *

A peser comme il faut le sens de cette Fable,
De bonne foy, la plainte est-elle raisonnable?
En donnant de vos biens une legere part,
Le reste en seureté ne court aucun hazard.
Vous joüissez sans peur de vos fertiles terres;

---

545 L'ESTOMACH ET LES MEMBRES. / *FABLE.* *P*
545–8 Les Membres, tentez par le Diable, / Refusérent jadis de nourir l'Estomac: / C'est, disoient-ils entr'eux, un importun Bissac, / Un Abîme sans fond, un Gouffre insatiable; *P*
549 Qu'il travaille, *P*
557 s'affoiblissoit *P*
559 las *P*
562 la Bouche: *P*
563 rétrecy *P*
564 Estant *P*
565 comme il faut, *P*
568 hazard; *P*
569 Terres; *P*

Elles sont à l'abry du ravage des guerres;
Et vos riches troupeaux paissent dans vos guérets,
Comme si l'on étoit dans une pleine paix.
La Guerre en quatre jours au pied de vos murailles,
Feroit plus de dégât que cinquante ans de Tailles;
Et de vôtre repos vos Ennemis jaloux,
S'ils ne l'avoient chez eux l'apporteroient chez vous.
Comme un bon Estomach, Cresus avec usure
Sur le Corps tout entier répand sa nourriture;
Et des Membres diverses infatigable appuy,
Il travaille pour eux plus qu'ils ne font pour luy.
A redoubler vos soins, ces raisons vous invitent.
Plus l'Estomach est bon, plus les Membres profitent;
Quand il a de la force, ils sont forts, agissans;
Et quand il est débile, ils sont tous languissans.
C'est une verité qu'on ne peut mettre en doute.

LE I. VIEILLARD.

On est plus que content pour peu qu'on vous écoute.
Heureux qui tous les jours a le bien de vous voir!
En se divertissant on apprend son devoir:
Ce que par l'Estomach nous prescrit vôtre Fable,
Est de tous les devoirs le plus indispensable.
Adieu. Puissiez-vous vivre encôre un siecle au moins. [p.30]

LE II. VIEILLARD.

Et puissions-nous tous deux en être les témoins.
Du meilleur de mon cœur je fais cette priere.

---

570 Guerres; *P*
571–2 Et sans les Feux de joye & les heureux succés, / On croiroit cet Etat dans une pleine Paix. *P*
573 Murailles *P*
575 Et de votre bonheur [...] jaloux *P*
576 chez eux, *P*
577–80 *manquent dans P*
581 soins ces *P*
582 bon plus les Membres profitent: *P*
583 force ils sont forts; *P*
586 LE SECOND VIEILLARD.
586 Monsieur, on est charmé pour peu qu'on vous écoute, &c. *Fin du texte de P*

ESOPE.

Oh, je n'en doute point, & je vous croy sincere.
C'est sans difficulté, que dans cent ans d'icy
Vous voudriez bien me voir, & moy vous voir aussi.
J'en sçay qui donneroient une bien grosse somme...

SCENE VI.

PIERROT, ESOPE.

PIERROT.

TEstidié je vois bien que vous êtes mon homme.
Vous seriez un menteur si vous disiez que non:
Malgré vous, vôtre bosse enseigne vôtre nom.
Sarviteur.

ESOPE.

Avez-vous quelque chose à me dire?

PIERROT.

Je ne sçaurois vous voir, & m'empêcher de rire.
Je n'ay vû de ma vie un plus drôle de corps.
Ce que j'ay sur le cœur je le boute dehors.
Au reste, bon vivant, tout aussi bien qu'un autre.

ESOPE.

Venons au fait. Mon temps m'est plus cher que le vôtre.
Voulez-vous quelque chose?

PIERROT.

Eh mordié, l'on sçait bien [p. 31]
Qu'on ne voit pas les gens quand on ne leur veut rien:
Voicy ce que je veux: écoutez bien.

ESOPE.

J'écoute.

PIERROT.

J'ay, comme vous voyez, un peu d'esprit.

ESOPE.

Sans doute.

PIERROT.

D'un Village icy-prés je suis le fin premier:
J'ay bon vin dans ma cave, & bled dans mon grenier:
J'ay des Bêtes à corne, & des Troupiaux à laine:
Et ma cour de Volaille est toujours toute pleine:
Mais tenez, franchement, j'en dis du mirlirot.
Têtidié, je suis las d'être appellé Pierrot.
J'ay dans un sac de cuir raisonnablement large,
Plus d'argent qu'il n'en faut pour avoir une Charge.
Enfin, bref, je veux être aprenty Courtisan:
J'ay mon cousin germain, comme moy Paysan,
Qui sortit de chez luy le bissac sur l'épaule,
Des sabots dans ses pieds, dans sa main une gaule,
Et qui par la mordié fait si bien & si biau,
Qu'il est auprés du Roy comme un poisson dans l'iau.
Il n'est, pour bien nager, que les grandes Rivieres.
Je feray nôtre femme une des Chambrieres
De la Reine... & puis crac. Et mordié que sçait-on?
Vous qui du Roy Cresus êtes le Factoton,
Je vous prie, en payant, de me rendre un sarvice;
Car chez vous autres Grands, point d'argent, point de Suisse.
Choisissez-moy vous-même une Charge. [p. 32]

ESOPE.

A vous?

PIERROT.

Oüy.
A vôtre aise, demain, si ce n'est aujourd'huy.
Prenez-en une... là... qui soit bien mon affaire,
Qui rapporte biaucoup, & qui ne coûte guere.

---

613 des Troupeaux *F, G*
634 beaucoup *F, G*

ESOPE.

Quelle Charge à la Cour vous est propre?

PIERROT.

Et mordié!
Qu'importe? Connêtable, ou bien Valet de Pié.
Vingt francs plus, vingt francs moins, que rien ne vous empêche.
Je ne sçay ce que c'est que de faire le blêche.
Qui dira le contraire en a, mordié, menty,
Et voila, palsandié, comme je suis bâty.

ESOPE.

Eh, Monsieur le Manan, apprenez-moy de grace,
Puisque vous êtes bien, pourquoy changer de place?
Pourquoy vous transplanter & sortir de ces lieux?

PIERROT.

Pardié, si je suis bien, c'est pour être encor mieux.

ESOPE.

Fort bien; c'est raisonner, & j'aime qu'on raisonne:
Voyons si dans le fond vôtre raison est bonne.
Vous dites que chez vous rien ne vous manque?

PIERROT.

Non.

ESOPE.

Vous avez de bon vin?

PIERROT. [p. 33]

Oüy, têtidié, fort bon.
J'en trinque!...

ESOPE.

Vous mangez sans nulle défiance?
Sans d'aucun heritier craindre l'impatience?

PIERROT.

Oüy, pardié.

ESOPE.

Vous dormez sans trouble & sans effroy?
Tant qu'il vous plaist?

PIERROT.

Mordié, je dors [comme] je boy:
Tout mon soû.

ESOPE.

Vous avez quelques amis sinceres?

PIERROT.

Je le sommes tretous, je vivons comme freres,
Quand l'un peut sarvir l'autre, il n'y manque jamais,
Et si j'avons du bien, je le mangeons en paix.
Les Fêtes sous l'ormiau j'allons joüer aux quilles,
Ou bien j'allons sur l'harbe avec les jeunes filles,
Et je batifolons tant que dure le jour.

ESOPE.

Et tu veux acheter une Charge à la Cour!
Où peux-tu rencontrer une plus douce vie?
Tu manges, bois, & dors quand il t'en prend envie:
Et je sçay force Gens de grande qualité,
Qui n'ont pas à la Cour la même liberté.
Il n'est point là d'amy dont on ne se défie;
On n'y boit point de vin que l'on ne falsifie;
Quelque pressant besoin qu'on ait d'être repû,
On n'y sçauroit manger sans être interrompu;
Et quand de lassitude en soy-même on sommeille,
Quelque peine qu'on souffre, il faut souvent qu'on veille.
Préfere ton repos à tout cet embarras, [p. 34]
Et sois sage du moins comme un de ces deux Rats.
Ecoute.

---

652 **je dors, je boy:** ***A, B***

UN Rat de Cour, ou si tu veux, de Ville,
Voulant profiter du beau temps,
S'échappa du Celier qui luy servoit d'azile,
Et fut se promener aux champs.
Comme il respire l'air dans un sombre boccage,
Il rencontre un Rat de Village,
D'abord bras dessus, bras dessous:
Aprés s'être bien dit serviteur, moy le vôtre,
Le Rat campagnard pria l'autre
D'aller se refraîchir dans quelqu'un de ses trous.
Là le Villageois le regale,
De Raisins, de Pommes, de Noix;
Mais quoy que son zele étale,
Rien ne touche le Bourgeois;
Et pour un Rat d'un tel poids,
Cette vie est trop frugale.
Venez vous-en, dit-il, me voir à vôtre tour;
Je veux avoir ma revanche,
Et vous régaler, Dimanche;
Je loge en tel endroit, proche un tel carrefour.
Le sobre Rat des Champs, qui du bout d'une Rave
Dînoit assez souvent, & ne dînoit pas mal,
Trouve l'autre dans la cave
D'un gros Fermier General.
Huile, Beure, Jambons, petit Salé, Fromage,
Tout y regorge de bien:
Et ce qui pour le Maître est un grand avantage,
Cela ne coûte guere, ou pour mieux dire, rien.
Nos deux Rats étant à même, [p. 35]
Avoient de quoy se soûler:
Mais un Chat par malheur s'étant mis à mioler,
Ils se crûrent tous deux dans un danger extrême.
Le péril étant passé,
Ils revinrent à leur proye;
Mais leur repas à peine étoit recommencé,
Qu'on revient troubler leur joye:
Tantôt c'est un Sommelier,
Qui veut boire bouteille avec ses Camarades;
Et tantôt un autre Officier
Veut de l'huile pour ses salades.
Enfin le pauvre Rat, qui dans son cher Hameau
Passoit ses heureux jours sans crainte & sans envie,

Las de voir qu'à chaque morceau
Il soit en danger de la vie;
Prend congé de son Hôte, en luy disant ces mots:
Vos mets ne me touchent guere:
Peut-on faire bonne chere
Où l'on n'a point de repos?

* * *

Ne m'avoûras-tu pas que ce Rat fut fort sage,
De vouloir promptement regagner son Village?
De quoy sert l'abondance au milieu du danger?
Il avoit force mets, & ne pouvoit manger.
Ton sort sera pareil, si tu prens une Charge.

PIERROT.

Aprés ce que je sçay, mordié je m'en gobarge.
Moy, donner de l'argent, je serois un grand fou,
Pour n'oser ny manger, ny dormir tout mon soû!
Pour ne boire jamais que du vin qu'on frelate!
Pour être jour & nuit comme un Chat sur ma patte!
Pour avoir des Amis, qui sont de vrais Judas! [p. 36]
Nenny, mordié, nenny, je ne m'y frotte pas.
C'est avoir de l'esprit de donner une somme,
Pour manger à son aise, & dormir d'un bon somme;
Mais dépenser son bien pour acheter du mal,
Reverence parler, c'est être un animal.
Tenez, sans le plaisir que m'a fait vôtre Fable,
J'allois être assez sot pour être Connêtable.
Dieu sçait comme à loisir je m'en mordrois les doigts.

ESOPE.

Adieu. Si tu le peux sois sage une autre fois:
Surtout, ne prends jamais de fardeau qui t'assomme.

PIERROT.

Têtidié, que ce Rat étoit un habile homme!
Vous êtes vous & luy, tant plus j'ouvre les yeux,
De tous les animaux ceux que j'aime le mieux.
Plaquez-là vôtre main. Si vous me voulez suivre,
Je m'offre de bon cœur de vous renvoyer yvre:
J'ay d'un vin frais parcé qu'on ne frelate point,
Dont je chamarerons le moûle du pourpoint.
Venez.

ESOPE.

Adieu, Pierrot. Encor un coup, sois sage.

PIERROT.

Eh mordié, que de joye auroit nôtre Village!
On n'a jamais tant ry que nous ririons tretous,
De voir un Margajat fagoté comme vous.
Stanpendant qu'à venir vôtre Esprit se résoude,
Adieu, quand vous voudrez je hausserons le coude.
Si je vous y tenois, je boirions à ravir.

SCENE VII.

UN Me D'HOSTEL, ESOPE.

PIERROT.

LE Me D'HOSTEL.

MOnsieur, on vous attends, & l'on vient de servir.

ESOPE.

Allons.

PIERROT.

St, st, un mot. Comme amis l'un de l'autre,
Bûvez à ma santé, je vas boire à la vôtre,
Et par six rougebords, avalez de bon cœur,
Vous montrer que Pierrot est vôtre sarviteur.

Fin du second Acte.

* * * * *

SCENE VII. UN MAISTRE D'HOTEL, *K*
LE Me D'HOSTEL *manque dans C, D, H, N, O*

ESOPE.

LE DOGUE ET LE BOEUF.

FABLE.

UN Dogue envieux, superbe,
Etant couché dans un Champ,
Fut assez lâche & méchant
Pour empêcher le Boeuf d'y brouter un peu d'herbe.
Le Boeuf, en mugissant, portant ailleurs ses pas,
Maudit sois-tu, dit-il, & que malheur t'arrive!
Ta méchanceté me prive
De ce que tu ne veux pas.

* * *

Messieurs les beaux Esprits que la Fable révolte,
Parlez sans dissimuler:
Dans quel Champ peut-on aller
Pour faire plus de récolte?
A tant d'honnêtes Gens, qui sont devant vos yeux,
Laissez la liberté d'applaudir ce mêlange;
Et ne ressemblez pas à ce Dogue envieux
Qui ne veut ni manger, ni souffrir que l'on mange.

* * *

Texte de P. **Vers écrits pour la quatrième représentation (22 janvier 1690) mais jamais prononcés et donc exclus du texte imprimé de la comédie.**

[p. 38]

ACTE III

SCENE I.

LEARQUE, EUPHROSINE,

DORIS *derriere & assez loin.*

LEARQUE *à Euphrosine.*

VOus ne meritez pas les honnestes manieres
Qui me font avec vous abaisser aux prieres.
Qu'Agenor soit aimé, qu'Esope soit haï,
N'importe; je suis Pere, & veux être obeï.
A toutes vos raisons la mienne est préferable.

DORIS.

Oüy. quand vôtre raison sera plus raisonnable.

LEARQUE.

Demon, né pour me nuire, apprens-moy d'où tu sors:
Je t'ay fait satisfaire, & t'ay mise dehors.
Je ne te veux plus voir diviser ma famille,
Et mettre mal ensemble & le Pere & la Fille.
Qui te peut, malgré moy, faire encor revenir?

DORIS.

Un sot zele pour vous qui ne sçauroit finir.
Je m'en veux mal.

SCENE PREMIERE *F, G, H, L, M*

LEARQUE.

Et moy, je veux mal à ton zele.

DORIS [p. 39]

Je reviens en ce lieu moins pour vous que pour elle.

LEARQUE.

Pour elle ny pour moy, je ne t'y veux point voir.

DORIS.

Moy, je veux jusqu'au bout signaler mon devoir.
Dequoy vous plaignez-vous, que de mon zele extréme
Qui vous veut obliger à rentrer en vous-même?
Je suis au desespoir, & ce n'est pas à tort,
De voir tant de vertus faire naufrage au port.
Ce n'est point l'interest qui vers vous me rappelle.
Reprenez vôtre argent, & laissez-moy mon zele.
Laissez-moy le plaisir, sans en être jaloux,
D'avoir pour vôtre Enfant plus d'amitié que vous.
Il ne s'est jamais veu Fille mieux élevée;
Jeunesse si docile, & si bien cultivée;
Son merite naissant promettoit d'aller loin:
Pour tout dire en un mot, j'en avois pris le soin:
Et je sens un chagrin qui me penetre l'ame
Quand une honneste Fille est malhonneste Femme.
Voila ce que souvent cause un Pere testu.

LEARQUE.

Quoy, ma Fille étant Femme aura moins de vertu?

DORIS.

Qui que ce soit, Monsieur, qui soit Femme d'Esope,
Il n'est pas mal-aisé d'en tirer l'Horoscope.

LEARQUE.

Comment?

DORIS.

Vous m'entendez. Quel besoin d'achever?

LEANDRE.

Qu'en arrivera-t'il?

DORIS.

Qu'en peut-il arriver?
Je vous mets en sa place, & je vous prens pour elle.
Si vous aviez vingt ans, & que vous fussiez belle, [p. 40]
Et qu'un homme bien-fait, & bien-aimé de vous,
Vous vist donner par force un Magot pour Epoux,
Quand vous vous trouveriez un moment teste-à-teste,
Quelle vertu, Monsieur, ne feroit pas la beste?
Ne nous entestons point, & parlons de bon sens.
Quoy, les gens les mieux faits ne seront pas exempts
D'une contagion qui devient si commune,
Et vous croyez qu'Esope aura plus de fortune?
Quelque Femme qu'il ait, je le dis en un mot,
Si ce n'est une Sotte, il faut qu'il soit un Sot.
J'en réponds.

LEARQUE.

Aprens-moy, pernicieuse Peste,
Si ta langue maudite a joüé de son reste?
As-tu fait?

DORIS.

Ouy.

LEARQUE.

Sors donc, abominable esprit.

DORIS.

Je ne sortiray point sans congé par écrit.
Je prétens que l'on sçache où mon zele m'emporte,
Et par quelle raison vous voulez que je sorte.

LEARQUE.

Parce que je le veux. Sors d'icy de ce pas.

DORIS.

Deussiez-vous me tuer, je n'en sortiray pas.
Donnez-moy vingt soufflets, c'est ce que je demande:
Choisissez quelle joüe il vous plaist que je tende:
Me voilà prête à tout, hors à me separer
D'une pauvre Brebis qu'un Loup veut devorer.
Eh, Monsieur, rappellez vôtre tendresse extrême,
Et laissez-moy...

LEARQUE. [p. 41]

Demeure, & laisse-moy, toy-même.
Quelque insolent discours que j'en aye essuyé,
Je vous la rends. Tantost vous m'en avez prié.
Mais à condition, c'est moy qui vous l'impose,
Que pour l'amour de moy vous ferez quelque chose.
Esope, qui demain doit être vôtre Epoux,
N'est qu'à demy content, s'il ne vous tient de vous:
Il vous doit venir voir, assuré par moy même,
Que vous serez sensible à cet honneur extréme;
Et qu'en Fille bien née, & qui sçait son devoir,
Vous aurez du plaisir à le bien recevoir.
Faites-moy dire vray: le voila qui s'avance.

SCENE II.

ESOPE, LEARQUE, EUPHROSINE.

DORIS.

LEARQUE.

MA Fille vous attend avec impatience,
Monsieur. Suy-moy, Doris, & laissons-les tous deux
Exprimer leur tendresse, & parler de leurs feux.

SCENE III. [p. 42]

ESOPE, EUPHROSINE.

Ils font une petite Scene muette, & sont une espace de temps sans se parler.

ESOPE.

BEauté, qui dans mon cœur lancez plus d'une fleche,
La conversation me paroît un peu seiche.
On dit que les Amans, pour ne se rien celer,
Au défaut de la voix ont les yeux pour parler:
Et nous, pour éviter le chemin ordinaire,
Nous nous faisons entendre à force de nous taire.
Honorez, s'il se peut, Objet charmant & doux,
D'un regard plus benin vôtre futur Epoux.
Tel que vous me voyez, trente Beautez me briguent;
Elles n'ont point d'attraits qu'elles ne me prodiguent;
Pour toute autre que vous j'ay le cœur engourdy:
Et vous me préferez un petit Etourdy...

EUPHROSINE.

S'il étoit devant vous, ce que son air inspire,
Sans doute suffiroit pour vous faire dédire.

ESOPE.

Un petit Fat.

EUPHROSINE.

Monsieur...

ESOPE.

Un petit Freluquet,
De qui tout le merite est un peu de caquet.

EUPHROSINE. [p. 43]

Je vais, pour repousser l'affront que vous luy faites,
Le peindre tel qu'il est, & vous tel que vous êtes.
Vous me direz aprés qui doit plaire à mes yeux.

ESOPE.

Non, naturellement je suis peu curieux.
Ne bougez. Sans orgueil on ne se fait point peindre.

EUPHROSINE.

Ce n'est pas un malheur que vous ayez à craindre.
Si l'on vous avoit peint, vous verriez d'un coup d'œil,
Que vous auriez grand tort d'en avoir de l'orgueil.

ESOPE *bas.*

La petite Friponne a des raisons piquantes,
Qui pourtant dans le fond ne sont pas trop méchantes.
Voyons si de son sexe on aime constamment.
Vous me préferez donc vôtre insipide Amant?
Vôtre Quolifichet plein de fard & de gomme;
Qui pour toutes vertus est un beau petit homme:
Et qui bornant ses soins à s'orner le dehors,
A l'esprit mal bâty, plus que je n'ay le corps?

EUPHROSINE.

Pour la derniere fois, épargnez ce que j'aime:
Ce que vous offensez, m'est plus cher que moy-même:
Si vous continuez ces mots injurieux,
J'en sçay de plus piquans qui vous conviendront mieux:
Un si juste couroux n'aura point de limites.

ESOPE.

Parlons net. L'aimez-vous autant que vous le dites?

EUPHROSINE. [p. 44]

Si je l'aime!

ESOPE.

Ecoutez, l'Hymen dure long-tems:
Quand il fait un heureux, il fait vingt mécontens.
Vous êtes dans un âge où le cœur foible & tendre,
Par l'objet qui plaît est facile à surprendre;
Mais quand c'est pour toujours qu'on se doit engager,
L'exemple que voici doit y faire songer.

L'ALLOUETTE ET LE PAPILLON.

AUtrefois une Alloüette,
Qu'aimoit un riche Coucou,
Epousa par amourette
Un fort beau Papillon qui n'avoit pas un sou.
Outre beaucoup d'indigence
Il avoit tant d'inconstance,
Qu'il muguettoit les Fleurs, & les poussoit à bout.
Rien ne pouvoit fixer ny ses vœux, ny sa flâme:
Cependant sa pauvre femme
Avoit disette de tout.
Elle connut bien-tôt, quoy que trop tard pour elle,
Que lors qu'on veut s'unir pour jusques au tombeau,
Un Epoux inconstant & beau
N'en vaut pas un laid & fidelle.

* * *

Dans l'âge où me voilà, je ne suis pas si fou,
Que je ne sçache bien que je suis le Coucou: [p. 45]
Je suis laid; mais enfin, je fais une figure
Qui me vange du tort que m'a fait la Nature;
Et quoy que mon Rival vous promette aujourd'huy,
Vous serez plus heureuse avec moy qu'avec luy.
Pesez ce que je dis, sans aigreur ny rancune.

EUPHROSINE.

Il est vray qu'avec vous j'aurois plus de fortune:
Mais lors qu'à l'amour seul un cœur est destiné,
Quand il a ce qu'il aime, est-il infortuné?
Ne desunissez point deux cœurs faits l'un pour l'autre:
Il est d'autres objets bien plus dignes du vôtre:
La Grandeur que je fuis sera plus de leur goût;
Et mon cher Agenor me tiendra lieu de tout.
Je mourrois de douleur s'il m'étoit infidelle;
Mais pour le devenir il a l'ame trop belle:
Le plus grand des chagrins que nous puissions avoir,
C'est d'être l'un & l'autre un moment sans nous voir.
Vous donnez des Leçons que tout le Monde admire:
Pratiquez le premier ce qu'on vous entend dire:
De deux jeunes Amans ne troublez point la paix;
Et ne vous signalez qu'à force de bienfaits.
Quel plaisir aurez-vous de me voir malheureuse?

ESOPE.

Qu'une Fille a d'esprit quand elle est amoureuse!
On ne peut s'exprimer en des termes plus doux.
Vous n'avez pas eu peur de me rendre jaloux.
En parlant d'Agenor, vous aviez des extases;
Et l'amour vous aidoit à bien tourner vos phrases.
Monsieur le Gouverneur, que je vais bien-tôt voir,
Ne balancera point à faire son devoir. [p. 46]
Je vous ay prés de luy déja rendu service:
Je vous promet encor un aussi bon office.
Vous verrez quel Amant vous sera reservé.

EUPHROSINE.

Et moy, qui vous connois pour un Fourbe achevé:
Moy, qui de vôtre fraude ay sujet de me plaindre:
Moy, qui ne sçais qu'aimer, & qui ne sçais point feindre:
Je vous declare icy qu'Agenor a ma foy;
Que je suis toute à luy, comme il est tout à moy;
Que toute la grandeur où le Roy vous appelle,
N'aura pas le pouvoir de me rendre infidelle;
Et que si de mon Pere on aigrit le courroux,
J'épouseray la mort plus volontiers que vous.
Vous m'épouvantez plus qu'elle ne m'épouvante.
Adieu.

ESOPE *seul.*

Qui le croiroit? Une Fille constante!
Quel prodige!

SCENE IV.

MONSIEUR DOUCET, ESOPE.

M. DOUCET.

MOnsieur, sur un avis certain,

---

938 Adieu *manque dans F, G*

Que vous devez icy vous marier demain;
Je viens vous supplier de m'accorder la grace,
D'empêcher de mourir vôtre future Race;
Et de ressusciter vos Ayeux qui sont morts.

ESOPE. [pp. 46/47]

Quoy, vous faites rentrer les Ames dans les Corps?
Il faut qu'apparemment vous sçachiez la Magie.

M. DOUCET.

Non, Monsieur, mais j'excelle en Genealogie.
J'ennoblis, en payant, d'opulens Roturiers,
Comme de bons Marchands & de gros Financiers.
Je leur fais des Ayeux de quinze ou seize Races,
Dont le Diable auroit peine à demêler les traces.
L'Or, le Gueule, l'Argent, le Sinople & l'Azur,
Me font mettre en éclat l'homme le plus obscur.
L'un sur son Ecusson porte un Casque sans grille,
Dont le Pere autrefois a porté la Mandille;
L'autre prend un Lambel, en Cadet important,
Dont on a veu l'Ayeul Gentilhomme exploitant.
Enfin ma renomméee exposée aux Satires,
Par tant de Roturiers dont j'ay fait des Messires,
Pour tenir desormais des chemins differens,
Je consacre mon Art aux veritables Grands:
A la vertu Guerriere: à la haute Noblesse;
Et c'est avec plaisir par Vous que je commence.
Le Sang dont vous sortez trouve si peu d'égal...

ESOPE.

Monsieur le Blasonneur vous me connoissez mal.
Je ne sçay d'où je sors ny quel étoit mon Pere.

M. DOUCET.

A qui manque d'Ayeux j'ay le secret d'en faire:
Et pour deux mille écus pour le prix de mon soin,
Je vous feray venir des Ayeux de si loin,
Aux grandes Actions toûjours l'ame occupée,
Que la Verité même y seroit attrapée.
Jugez de mon sçavoir: par les soins que j'ay pris
Le fils d'un Mareschal est devenu Marquis.

---

944 *Erreurs de numérotage des pages dans A, B*

ESOPE.

Vous avez je l'avoüe, un talent admirable,
Mais rien n'est beau pour moy qui ne soit veritable:
Quand on me croiroit Noble à faire du fracas, [pp. 46/48]
Pourrois-je me cacher que je ne le suis pas?
Dites.

M. DOUCET.

Si l'on avoit cette delicatesse
Adieu plus des trois quarts de ce qu'on croit Noblesse:
Il n'en est presque point, à vous parler sans fard,
Qui n'ait pour faire preuve eu besoin de mon Art.
Je sçay de gros Seigneurs qui seroient dans la crasse,
Sans la Revision que je fis de leur Race;
Ooù je substituay, tant mon Art est Divin,
Trois Mareschaux de Camp pour trois Marchands de Vin.
Si pour vôtre Noblesse il vous manque des Titres,
Il faudra recourir à quelques vieilles Vitres;
Ooù nous ferons entrer, d'une adroite façon,
Une Devise antique avec vôtre Ecusson.
Vingt douteuses Maisons qui sont dans la Province,
Pour se mettre à l'abry des recherches du Prince,
Avec cette industrie ont trouvé le moyen
De prouver leur Noblesse admirablement bien.
Vous serez Noble assez, si vous paroissez l'être.

ESOPE.

Et comment, s'il vous plaît, le pourray-je paroître?
Ay-je un exterieur qui puisse faire voir...'

M. DOUCET.

Je vous trouve l'air Noble autant qu'on peut l'avoir.

ESOPE.

A moy?

M. DOUCET.

Sur vôtre front certain éclat qui brille,
Montre que vous venez d'une illustre Famille.

ESOPE.

Il est vray, j'ai l'air Grand! l'Aspect noble!

M. DOUCET.

Beaucoup.

ESOPE. [pp. 46/49]

Et ma Taille? Tenez, voyez-moy plus d'un coup:
Comment la trouvez-vous? Parlez avec franchise.

M. DOUCET.

Petite, mais bien faite.

ESOPE.

Et ma Bosse?

M. DOUCET.

Bien prise.
Et qui vous sied si bien...

ESOPE.

Il faut, en verité,
Pour tant de flatterie être bien effronté!
Je sçay certaine Fable, où le bon sens abonde,
Qui vient sur vous & moy le plus juste du monde.

LE CORBEAU ET LE RENARD.

UN Oiseau laid (c'est moy) qu'on nomme le Corbeau,
Tenant en son bec un Fromage,
Un Renard fin (c'est vous) pour luy tendre un Paneau,
Le saluë humblement, & luy tient ce langage:
Que vous êtes un bel Oiseau!
Mon Dieu, l'agreable plumage!
Je croy que vôtre ramage
Est pour le moins aussi beau;
Et qu'on ne sçauroit voir un plus parfait Ouvrage.
Si l'on vous entendoit fredonner quelques Airs,
On envoiroit l'Aigle paître;
Et les Habitants des airs

Vous accepteroient pour Maître.
Le credule Corbeau qui se laisse entêter,
A la tentation facilement succombe:
Il ouvre le bec pour chanter,
Et d'abord le Fromage tombe. [pp. 46/*50*]
Pendant qu'il en soûpire, & de rage & d'ennuy,
L'autre gaube la Proye, & se moque de luy.

* * *

Voila comme à peu prés, en marchant sur sa piste
Feroit à mon égard le Genealogiste,
Si de sa flatterie il m'avoit infecté;
Et que de son venin mon cœur fut empesté.
Je dis ce mot exprés: car il n'est point de Peste
Qui soit plus dangereuse, & qui soit plus funeste
Que l'appas decevant, le poison seducteur,
Que répand chaque jour la bouche d'un Flatteur.

M. DOUCET.

Il est vray qu'un Flatteur est un Monstre effroyable.

ESOPE.

Hé pourquoy l'es-tu donc, Adulateur au Diable?
Pourquoy? Dy.

M. DOUCET.

Je le suis, en mon corps deffendant:
Si je ne l'étois pas je serois imprudent:
C'est par ce seul endroit que les Grands s'amadoüent:
Ils ne souffrent prés d'eux que des gens qui les loüent:
Ils veulent qu'on appelle, & n'en sont point confus,
Leurs deffauts qualitez, & leurs vices vertus:
A qui veut s'avancer c'est la plus sûre route:
Puisque c'est leur plaisir, qu'est-ce que cela coûte?
Et quand ils ont des mets suivant leurs appetits,
Qui doit-on en blâmer des Grands ou des Petits?

ESOPE.

S'il n'étoit des Flatteurs, que le Diable fait naître,
Les Grands qui sont flattez se passeroient de l'être:
Et faute d'Encenseurs pour les deffauts qu'ils ont, [pp. 46/*51*]

Ils s'accoutumeroient à se voir tels qu'ils sont.
Ils verroient bien souvent, par leur esprit aride,
Qu'un Noble sans Science est un Cheval sans bride,
Qui n'étant retenu ny par Mord ny par Frein,
S'abandonne à sa Fougue & prend un mauvais train.
Mais pour empoisonner un jeune Gentilhomme
Que divertit la Chasse, & que l'Etude assomme,
On luy met dans l'esprit que rien n'est si galant
Que l'innocent plaisir de tirer en volant:
Que d'un Noble effectif c'est la pente secrette:
Que c'est pour les Pedans que la Science est faite
Et pour toutes vertus, par la suite des ans
Il chasse, il boit, il joüe & bat des Païsans.
Ce Noble, ensevely dans un fond de Province,
A charge à sa Patrie, inutile à son Prince,
Sans l'état malheureux où les Flatteurs l'ont mis,
Feroit grace aux Perdreaux, & peur aux Ennemis.
Par une indignité, qu'on peut nommer atroce,
Vous m'avez flatté, moy, jusqu'à loüer ma Bosse:
Il faut être Corbeau pour donner là-dedans.

M. DOUCET.

J'ay crû que vous aviez la foiblesse des Grands.
J'en sçay de contrefaits, bien plus que vous ne l'êtes,
Que je vois applaudir sur leurs Tailles bien faites.
Vingt Petits prés d'un Grand sont vingt approbateurs.

ESOPE.

Moy qui ne flatte point, & qui hais les Flatteurs,
J'ay pour vous obliger, un service à vous rendre.

M. DOUCET.

Oh...

ESOPE.

Je vous avertis que vous vous ferez pendre.

M. DOUCET. [pp. 46/*52*]

Moy, Monsieur?

1075 ferez prendre. ***F, G***

ESOPE.

Oüy, vous-même: en propre Original.

M. DOUCET.

J'oblige tout le monde, & ne fais point de mal.

ESOPE.

Ces Blasons frauduleux, ajoûtez à des Vitres,
Contre les Droits du Roy sont autant de faux Titres;
Et l'intervale est bref de Faussaire à Pendu.

M. DOUCET.

Monsieur, peut-être ailleurs êtes-vous attendu:
Je ne vous retiens point, c'est assez que j'obtienne...

ESOPE.

Non, mais vous craignez, vous, que je ne vous retienne.

M. DOUCET.

Si vous sçaviez, Monsieur, jusqu'à quel point je suis...

ESOPE.

Allez, je fais du mal le plus tard que je puis.
Retirez-vous.

SCENE V.

AMINTE, ESOPE.

AMINTE.

MOnsieur, vous voyez une Mere
A qui l'on fait souffrir une douleur amere.
Je ne sçaurois parler, tant je suis hors de moy.
De grace, vangez-moy, mon cher Monsieur.

ESOPE. [pp. 47/*53*]

De quoy?
Qu'est-ce qu'on vous a fait? expliquez-vous.

AMINTE.

Je n'ose.

ESOPE.

A-t'on pris vôtre bien?

AMINTE.

Ce seroit peu de chose.
Le bien n'est pas d'un prix à causer ma douleur.

ESOPE.

A-t'on furtivement attaqué vôtre honneur?
Répondez.

AMINTE.

Je ne puis, & cela doit suffire.
C'est vous en dire trop, que de n'oser rien dire.

ESOPE.

J'ay l'esprit un peu dur, parlez-moy sans façon.

AMINTE.

Lors que l'on se marie, à quoy s'amuse-t'on?
Je n'avois pour tout fruit de la Foy conjugale,
Qu'une Fille, mais belle à n'avoir point d'égale,
Elle étoit à quinze ans l'objet de mille vœux.
Que c'est pour une Fille un âge dangereux!
La mienne d'un jeune homme éperdument aimée,
A l'aimer à son tour s'étant accoûtumée,
Quelques soins qu'on eût pris de la bien élever,
A consenty sans peine à se faire enlever.
Dépêchez un Prevôt avec tout son Cortége:
Déja le Ravisseur a peut-être... que sçay-je?
Ils s'aiment tendrement. ils sont seuls, sans témoins.
Je tremble.

ESOPE.

A dire vray, l'on trembleroit à moins.
Mais parlons de sang froid. Vôtre Fille enlevée,
Est-ce une verité qu'on vous ait bien prouvée? [pp. 48/*54*]
Il me seroit fâcheux d'agir en étourdy.

AMINTE.

Je suis seure, Monsieur, de ce que je vous dy.
Faut-il d'autres témoins que ma douleur extrême?

ESOPE.

Il est bon, s'il vous plaît, que j'en sois seur moy-même.
Qui l'a vûë enlever? Ooù l'a-t'on prise? Quand?

AMINTE.

Je n'en ay qu'un témoin, mais il est convainquant:
On ne peut contre lui donner aucun reproche.
Pour l'avoir toûjours prest, je le porte en ma poche.
Voyez, par ce Billet que je mets dans vos mains,
Si j'ay lieu de douter du malheur que je crains.
Lisez.

ESOPE *lit.*

Je suis aimée, & j'aime,
C'est je croy vous en dire assez:
Personne mieux que vous ne connoît par soy-même,
Ce que c'est que deux cœurs que l'amour a blessez.
Trois fois de vos Amans épousant la fortune,
Vous les avez suivis en tous lieux, à leur choix:
Et qui s'est, comme vous, fait enlever trois fois,
Doit bien me le pardonner une.

Diantre!

AMINTE.

Hé bien, ce Billet parle-t'il clairement?
Estes-vous éclaircy de la chose?

ESOPE.

Oüy, vraiment.
Je trouve ce Billet assez intelligible.

AMINTE. [pp. 49/*55*]

A ma juste douleur soyez donc plus sensible.

ESOPE.

Vous, contre vôtre Fille ayez moins de courroux:
Elle n'est point coupable.

AMINTE.

Elle?

ESOPE.

Non.

AMINTE.

Qui donc?

ESOPE.

Vous.

L'ECREVISSE ET SA FILLE.

L'Ecrevisse une fois s'étant mis dans la tête
Que sa Fille avoit tort d'aller à reculons,
Elle en eut sur le champ cette réponse honnête:
Ma Mere, nous nous ressemblons.
J'ay pris pour façon de vivre
La façon dont vous vivez:
Allez droit, si vous pouvez,
Je tâcheray de vous suivre.

* * *

Que pouvoit l'Ecrevisse opposer à cela?
Ce qui touche une Fille est la Mere qu'elle a.
Combien en voyons-nous de tous rangs, de tous âges,
Qui veulent, comme vous, que leurs Filles soient sages,
Et qui dans les plaisirs donnant, jusqu'à l'excés,
Semblent avoir fait vœu de ne l'être jamais?
L'exemple d'une Mere, en qui la vertu brille, [pp. 50/*56*]
Est la grande Leçon dont profite une Fille.
Qu'est-ce qu'a fait la vôtre, en fuyant la vertu,
Que suivre le chemin que vous aviez battu?

Si vous l'eussiez guidée en une bonne voye,
Elle vous y suivroit avec bien plus de joye.
Aussi loin de vous plaindre, & de vous appuyer,
C'est vous que de son crime on devroit châtier:
On ne sçauroit causer de douleurs assez amples,
A qui perd ses Enfans par de mauvais exemples.

AMINTE.

Et qui prend dans son sort plus d'interêt que moy!
Le danger qu'elle court me cause tant d'effroy,
Que je souhaiterois avec un zele extrême,
Au peril de mes jours l'en retirer moy-même.
La Friponne! A son âge en sçavoir deja tant!

ESOPE.

Quand on est fils de Maître, on est bien-tôt sçavant.
Pouvez-vous, dites-moy, la blâmer d'aucun vice,
Sans avoir plus de tort que n'en eut l'Ecrevisse?

AMINTE.

J'ay pû la marier, & ne l'ay pas voulu.

ESOPE.

Vous eussiez bien mieux fait. Elle eût bien mieux valu.
Ses desirs satisfaits n'auroient eu rien à faire.

AMINTE.

Mais vous ne songez pas que je serois grand'Mere.
Je ne le cele point, je mourrois de dépit
Si quelqu'un m'appelloit de ce nom décrepit.
Grand'Mere! Moy, bons Dieux, que personne n'accuse
D'avoir sur le Visage aucun appas qui s'use!
Moy, qui, graces au Ciel, ay le teint aussi frais,
Aussi beau...

ESOPE. [pp. 51/*57*]

Je croy bien, vous le faites exprés:
Dans ce qu'on voit de vous rien ne s'offre du vôtre,
Et vôtre vrai visage est caché sous un autre.

1163 *manque dans F, G*

La belle instruction que vôtre Fille avoit!
Elle vous a rendu ce qu'elle vous devoit.
Mere qui met du fard pour paroître plus belle,
Merite assurément une Fille comme elle.
Voila tout le secours que vous aurez de moy.
Adieu.

AMINTE.

De ces hauteurs, j'iray me plaindre au Roy.
Il verra mon Placet; & sa Justice extrême...

ESOPE.

Je vais, si vous voulez, vous le dicter moy-même.

SIRE, *Dame...* Vous même y mettrez vôtre nom.
Vous remontre humblement, que tant qu'elle fut belle
Elle fut à l'Amour si soumise & fidelle,
Que jamais à son ordre elle ne disoit non.
Que de cet heureux tems l'ame encor toute pleine,
Plus elle eut de plaisir, plus elle aura de peine
A renoncer si-tôt à des charmes si doux:
Qu'avant que de son sort le triste cours s'acheve,
Il vous plaise ordonner à quelqu'un qu'il l'enleve;
Elle continûra ses Prieres pour Vous.

Vous n'avez, que je crois, autre chose à luy dire?
Si vous le souhaitez, je m'en vais vous l'écrire.
Voyez.

AMINTE.

Adieu, Monsieur: dans mon juste courroux
J'auray plus de raison de Crésus, que de vous.

ESOPE *seul.* [pp. 52/*58*]

Que de femmes. comme elle, injustement se flattent!
Et... mais du Gouverneur les Enfans s'entrebattent.
Ecoutons le sujet de leurs petits débats.

SCENE VI.

AGATON, *petit Garçon fort beau.* CLEONICE,

petite Fille fort laide. ESOPE.

AGATON.

OUy, je le veux avoir.

CLEONICE.

Non, vous ne l'aurez pas.

AGATON.

Si de nôtre querelle on apprend quelque chose,
Nous aurons le Foüet, & vous en serez cause.

CLEONICE.

N'importe.

ESOPE.

Qu'avez-vous, les beaux Enfans?

AGATON.

Monsieur,
C'est ce petit Miroir que veut avoir ma Sœur.
Dés que j'ay quelque chose, elle en est envieuse:
Si je la contredis, elle fait la pleureuse:
Et lors qu'on nous entend, je suis si malheureux,
Qu'ayant tort elle seule, on nous foüette tous deux.
N'est-il pas vray, Monsieur, que cela n'est pas juste?

CLEONICE.

Monsieur, si vous sçaviez comme il me tarabuste!
Il est malicieux comme un petit Dragon; [pp. 53/*59*]
Il ne me laisse rien de ce que j'ay de bon.
Le Miroir qu'il a pris, dont la Glace est si belle,
Est à moy seule.

AGATON.

A vous? Non pas, Mademoiselle,
S'il vous plaît.

CLEONICE.

A qui donc?

AGATON.

C'est à nous-deux qu'il est.

CLEONICE.

Vous me pardonnerez vous-même, s'il vous plaît.
Dés quand j'étois enfant, ma Sœur me le conserve;
Et c'est elle aujourd'huy, qui veut que je m'en serve.

AGATON.

Elle m'a dit, à moy, pendant nôtre dîné,
Que c'étoit à nous deux qu'elle l'avoit donné.
Je m'y veux mirer.

CLEONICE.

Vous? Vraiment, je vous admire!
Il n'est rien de si beau, qu'un Garçon qui se mire,
Fy!

AGATON.

Pourquoy, fy?

CLEONICE.

Pourquoy? Fy, vous dis-je.

AGATON.

Pourtant,
On dit que mon Visage est assez ragoutant.
Si je vous ressemblois, & que je me mirasse,
Quand je me serois vû, je casserois la Glace.

CLEONICE.

Vous croyez donc, mon Frere, avoir beaucoup d'appas?

AGATON.

Et pourquoy, s'il est vray, ne le croiray-je pas?

CLEONICE.

S'il pouvoit vous venir la petite Verole!
Tenez, ma grande Sœur me garde une Pistole
Pour avoir du Ruban plus beau que celui-là,
Et je la donnerois volontiers pour cela.
Plus vous deviendrez laid, plus je serois joyeuse.

AGATON.

Vous qui ne craignez rien, vous étes bien-heureuse.

CLEONICE.

Ne vous ay-je pas dit que c'étoit un Dragon?
Si je ne suis pas belle, est-ce ma faute?

ESOPE.

Non.
Je vous trouve tous deux un charmant petit Couple.
Mais il faut l'un pour l'autre avoir l'esprit plus souple:
Aimer bien vôtre Frere: & vous, bien vôtre Sœur.
Me le promettez-vous, mes Enfans?

AGATON & CLEONICE.

Oüy, Monsieur.

ESOPE.

Ecoutez bien tous deux ce que je vais vous dire.
Il faut que fort souvent ce beau Garçon se mire:
Mais plus dans le miroir il se verra d'appas,
Plus il doit prendre garde à ne les salir pas:
Des Dieux qui l'ont fait naître il gâteroit l'image:
Il faut, quand on est beau, qu'on soit encor plus sage.
Entendez-vous, mon Fils?

AGATON.

Oüy, Monsieur, j'entens bien;
Je vous rends grace.

ESOPE.

Et vous, (car je ne cele rien.)
Vous, pour qui la Nature a paru plus cruelle, [pp. 55/*61*]
Mirez-vous: mais pour voir que vous n'étes pas belle.
Si vous manquez d'attraits pour plaire & pour charmer,
Amassez des vertus qui vous fassent aimer;
Et par une conduite exempte de murmure,
Reparez la rigueur dont usa la Nature.
Beaucoup de modestie, & beaucoup de bonté
Ont des charmes plus grands que n'en a la beauté.
Souvenez-vous-en bien, ma petite Mignonne.

CLEONICE.

Oüy, Monsieur. Graces au Ciel, j'ay la memoire bonne.

UNE VOIX *de derriere le Theatre.*

Agaton! Cleonice!

AGATON.

On nous appelle.

CLEONICE.

Hé bien?
Nous serons querellez.

AGATON.

Querellez? ce n'est rien.
Nous craignons, vous & moy, quelque chose de pire.

ESOPE.

Pour vous sauver de tout, je vay vous reconduire;
Et si la Gouvernante ose nous raisonner,
Vous verrez de quel air je m'en vais la mener.

Fin du troisiéme Acte.

* * * * *

[pp. 56/*62*]

ACTE IV.

SCENE I.

AGENOR, DORIS.

DORIS.

N'Allez pas sottement, pardonnez-moy ce terme,
(Mais dans votre dessein je vous trouve si ferme,
J'apprehende si fort quelque coup de travers,
Que je ne prens garde aux mots dont je me sers.)
N'allez pas irriter la douleur d'Euphrosine.

AGENOR.

Quoy, son Pere me perd: Esope m'assassine:
A me percer le coeur je les vois disposez;
Et pendant ce temps-là j'auray les bras croisez?
Je veux bien me contraindre à l'égard de son Pere;
Conserver du respect jusques dans ma colere;
Et sans être emporté, ny paroître Brutal,
Montrer qu'il me prefere un indigne Rival:
Mais pour Esope, non. Quoy que j'en puisse craindre,
Je ne luy promets pas de pouvoir me contraindre.
Je prétens luy parler; & s'il en est besoin,
Aller jusqu'à l'insulte, & peut-être plus loin.
Mon ardeur outragée est ce que je consulte. [pp. 57/*63*]

SCENE PREMIERE *F, G, H, L, M*

DORIS.

Et que peut-on luy faire au delà de l'insulte?
Fût-il, plus qu'il ne l'est, vôtre ennemy mortel,
Je vous crois trop bon sens pour luy faire un appel.
Esope sur le Pré seroit un beau spectacle!
Eloignons son Hymen; formons y quelque obstacle;
C'est à quoy maintenant il s'agit de penser;
Et non, par vos éclats, à le faire avancer.
Monsieur le Gouverneur est dans sa Gallerie.
Voyez-le, parlez-luy; sa Fille vous en prie.
Il est seul. Son grand vice est d'être un peu testu;
Mais vous ne serez pas éconduit & battu.
Tâchez à remuer ses entrailles de Pere:
S'il ne rompt cet Hymen, faites qu'il le differe.
J'aurois, si j'étois homme, ou du moins je le croy,
Plus de virilité que je ne vous en voy.
Courez. Quand le temps presse il est bon qu'on galope.
Allez le voir.

AGENOR.

J'y vais; & delà voir Esope.
Pour peu qu'il soit contraire à mes intentions,
Je sens à le brusquer des dispositions.
Je sçais tout ce qu'il est, & tout ce qu'il [peut être],
Mais de mon desespoir je ne suis pas le maître.

DORIS.

Gardez-vous...

AGENOR.

Je feray tout ce que je te dy.

DORIS.

Eh, mon Dieu, croyez-moy; point de coup d'Etourdy.
Dequoy sert la raison, à moins qu'on ne raisonne?
Je voy venir quelqu'un. Songez à vous.

1306 **il peut-être,** *A, B, F, G*

SCENE II. [pp. 58/*64*]

ALBIONE, DORIS.

ALBIONE.

MA Bonne,
Je viens prés d'Euphrosine implorer vôtre appuy:
Bien-tôt Femme d'Esope, elle peut tout sur luy.

DORIS.

L'infaillible moyen de tout obtenir d'elle
C'est de luy bien vanter sa conqueste nouvelle.

ALBIONE.

Esope m'a mandé de l'attendre en ce lieu.
En sortant d'avec luy, j'iray la voir.

DORIS.

Adieu.
Je vay la disposer à remplir vôtre attente.
Esope vient.

SCENE III.

ESOPE, ALBIONE.

ALBIONE.

MOnsieur, je suis vôtre Servante.
Ce n'est point compliment, c'est pure verité.

ESOPE.

Je vous en garentis autant de mon côte:
Il ne tiendra qu'à vous de me mettre à l'épreuve, [pp. 59/*65*]
Madame.

ALBIONE.

Sçavez-vous, Monsieur, que je suis Veuve?

ESOPE.

Non, vraiment.

ALBIONE.

Je le suis depuis prés de cinq ans:
Et défunt mon Mary m'a laissé quatre Enfans.

ESOPE.

A voir cet air brillant, & ce riche équipage,
Vous allez convoler en second Mariage,
Apparemment? Quelqu'un de vos yeux est blessé?

ALBIONE.

Pardonnez-moy, Monsieur, mon bon temps est passé.

ESOPE.

Tant-pis.

ALBIONE.

La Propreté de tout temps fut permise;
Et si vous me voyez passablement bien mise,
Il ne faut pas, Monsieur, vous en émerveiller:
L'Epoux dont je suis Veuve étant mort Conseiller,
Je suis dans un étage à paroître plus grande,
Ou qu'une Procureuse, ou bien qu'une Marchande.
Rien ne m'est plus fâcheux, que de m'encanailler.

ESOPE.

Et de quelle Acabie étoit-il Conseiller?
Etoit-ce en Robe longue? en Robe courte? en Botte?

ALBIONE.

Non, Monsieur, il étoit Conseiller Gardenotte.

ESOPE.

La peste! N'est-ce pas ce que vulgairement
On dit Tabellion, ou Notaire autrement?

ALBIONE. [pp. 60/*66*]

Oüy, Monsieur.

ESOPE.

Vertubleu! C'est un Grade sublime.

ALBIONE.

J'ay fait ce que j'ay pû pour le mettre en estime.
Conseillere à la Cour, Presidente à Mortier,
Faisoient moins de fracas que moy dans mon quartier.
Voyant à mon Epoux une somme assez grosse,
Je voulus avoir Chaise, & puis aprés Carosse;
Et tous les Chevaux noirs n'ayant pas grands airs,
J'en eus de pommelez, comme les Ducs & Pairs.
Pour mon Appartement, cinq Chambres parquetées,
A force de Miroirs sembloient être enchantées:
Et ce qui m'en plaisoit, on n'y pouvoit marcher,
Que l'on ne se mirât encor dans le Plancher.
Ayant veu par hazard, dont je fus bien contente,
De gros Chenets d'argent chez une Presidente,
Je priay mon Mary de m'en donner d'égaux;
Et quatre jours aprés j'en eus de bien plus beaux.
Je fus même à la Foire, où j'eus la hardiesse,
Voyant un Cabinet qu'aimoit une Duchesse,
Pendant qu'à marchander elle se dépéçoit,
De le prendre à sa barbe au prix qu'on le laissoit.
   Pour ne pas abuser de vôtre patience,
On parloit en tous lieux de ma magnificence:
Quand pour un Inventaire où mon Mary courut,
Il s'échauffa si fort qu'en trois jours il mourut.

ESOPE.

Avez-vous achevé vôtre histoire modeste?

ALBIONE.

J'en ay dit tout le beau, j'en vais dire le reste.
Mon Epoux étant mort, ces Miroirs, ces Chenets,
Ces Chevaux, ce Carosse, & ces beaux Cabinets,
Tout cela s'en alla chez qui les voulut prendre: [pp. 61/*67*]
J'y perdis les deux tiers, quand je les fis revendre.
Enfin pour nous tenir toujours sur le bon bout,
Je n'ay rien ménagé, j'ay presque vendu tout:
Si bien que ce matin ayant sçu qu'à des Filles
Qui doivent leur naissance à d'honnêtes Familles,
Crésus donne une Dot pour les bien allier,
Je vous en offre deux prestes à marier.
J'attends qu'en leur faveur vôtre bouche prononce.
Voilà ce qui m'ameine.

ESOPE.

Et voici ma réponse.

LA GRENOUILLE ET LE BOEUF.

LA Grenoüille dans un Pré,
Voyant paître le Boeuf considere sa taille;
Et la trouvant à son gré,
S'enfle, suë, & se travaille,
Pour faire aller la sienne en un même degré.
Sa Fille qui la voit faire
Luy remontre sagement,
Qu'un dessein si temeraire
Va jusqu'à l'aveuglement:
Que l'appas qui la chatoüille
Luy cache le péril de ce qu'elle entreprend;
Et que depuis le Boeuf jusques à la Grenoüille,
C'est un intervale trop grand.
Mais contre ces raisons son orgueil se soulêve:
A s'enfler encor plus elle applique ses soins:
Fait de si grands efforts, qu'à la fin elle créve;
Et sa temerité ne meritoit pas moins.

* * *

Voilà vôtre Portrait, & celuy de bien d'autres, [pp. 62/*68*]
Qui n'ont pas des raisons meilleures que les vôtres.
Nous sommes dans un siecle où chacun veut s'enfler.

D'une vanité sotte on cherche à se gonfler.
La Femme d'un Sergent ne sera pas honteuse,
De porter des habits comme une Procureuse:
Celle du Procureur, pour avoir plus d'éclat,
Veut égaler, au moins, celle de l'Avocat:
Celle de l'Avocat est assez temeraire,
Pour aller du même air que va la Conseillere:
Celle du Conseiller, par la même raison,
Avec la Presidente entre en comparaison:
Celle du President, fiere de sa richesse,
A des Gens à sa suite autant qu'une Duchesse:
Et je ne vois personne en sa condition,
Qui ne veüille exceder sa situation.
Chacun, dis-je, chacun n'a repos ny tréve,
Que comme la Grenoüille il ne s'enfle, & ne créve.
De-là vient le desordre & les crimes qu'on voit:
Pour soutenir ce faste, on fait plus qu'on ne doit.
Combien, de bonne foy, d'iniquitez atroces
Traînent des Procureurs qu'on roule en des Carosses?
Cet autre dans le sien, qu'on croit un bon Marchand,
En eût-il jamais eu, s'il n'eût été méchant?
Pour montrer au Public, d'une façon galante,
Un Libraire enchassé dans sa Chaise roulante,
Combien, *incognito*, de Livres défendus,
Dans l'arriere-Boutique ont-ils été vendus?
Combien un Financier, pour être en équipage,
De Zeros criminels remplit-il une page?
Combien au Parlement d'Avocats de grand poids,
Pour aller à grand train vont-ils contre les Loix?
Pour avoir un Carosse, & que tout y réponde, [pp. 63/*69*]
Combien un Medecin égorge-t'il de monde?
Et pour ces beaux Chenets, ces Miroirs, ces Chevaux,
Combien feu vôtre Epoux a-t'il fait d'Actes faux?

ALBIONE.

D'Actes faux! Juste Ciel! quoy, d'un Corps qu'on renomme...

ESOPE.

Il n'est rien de plus beau, qu'un Notaire honnête homme:
Mais dans tous les grands Corps, on a vû de tout tems
Se glisser des Fripons parmi d'honnêtes gens;
Et quand feu vôtre Epoux auroit été Faussaire,

Cela ne doit blesser aucun autre Notaire.
Si le bien qu'il avoit eût été mieux gagné,
Il en eût sçû le prix, & l'auroit épargné.
Les bienfaits de Crésus ne sont point pour vos Filles,
Ce sont pour des Enfans de meilleures Familles,
Que les Procés, la Guerre, ou d'autres accidens
Ont rendu malheureux, & non pas impudens.
Enfin, je croy sçavoir ce que le Roy desire;
Et je n'ay là-dessus autre chose à vous dire.
Serviteur.

ALBIONE.

Sçavez-vous, petit Homme tortu,
Qui n'avez l'air, au plus, que d'un Singe vétu...

ESOPE.

Vôtre esprit sur ce point peut se donner carriere;
Je vous offre en laideur une belle matiere:
Mais j'ay cela de bon, parmi bien du mauvais,
Que les Gens, sans raison, ne m'offensent jamais.
Vous croirez m'insulter, & vous me ferez rire.

ALBIONE.

Pour vous faire enrager, loin de vouloir rien dire,
Je veux, d'un si sot Homme, oublier jusqu'au nom.
Adieu.

ESOPE *seul.* [pp. 64/*70*]

Je suis défait d'une étrange Guenon.
Qu'heureux est le Mary, dont la Femme humble & sage,
Eleve les Enfans, & regle le ménage!
Mais qu'il est malheureux, lors que mal à propos...

SCENE IV.

AGENOR, ESOPE.

AGENOR.

JE vous cherche par tout pour vous dire deux mots.

ESOPE.

Hé bien, je suis trouvé. Qu'avez-vous à me dire?

AGENOR.

Qu'on me nomme Agenor, & ce mot doit suffire.
Vous m'entendez, je crois?

ESOPE.

Oüy, j'entends vôtre nom.

AGENOR.

Et vous n'entendez pas ce qui m'ameine?

ESOPE.

Non.

AGENOR.

Je vay, puis qu'il le faut, tâcher à vous l'apprendre,
Monsieur Esope.

ESOPE.

Et moy, tâcher à vous entendre,
Monsieur Agenor.

AGENOR. [pp. 65/*71*]

J'aime; & vous aimez aussi:
C'est l'unique sujet qui me conduit ici.
Je sçay ce que tous deux le Ciel nous a fait naître;
Comme je me connois, songez à vous connoître;
Je prétens d'Euphrosine être le seul captif.

ESOPE.

Moy, je veux abaisser ce ton imperatif.
Il vous sied mal. Je veux vous rendre honnête, affable,
Et pour y réüssir, vous apprendre une Fable,
Ecoutez bien.

AGENOR.

De grace, évitons ce fatras:
De si fades raisons ne m'accommodent pas.
Je ne me repais point de ces vaines paroles.

ESOPE.

Un jour...

AGENOR.

Encor un coup, point de Contes frivoles
C'est un amusement qui n'est bon qu'à des Foux.

ESOPE.

Ecoutez celui-ci, je le croy bon pour vous.

AGENOR.

Je vous ay déja dit, & je vous le repete,
Qu'une prompte réponse est ce que je souhaite.
Songez plus d'une fois qu'on me nomme Agenor.

ESOPE.

Je vous ay répondu, comme je fais encor,
Que vous parlez d'un air, s'il faut que je le nomme,
Qui sent le Fanfaron plus que le Gentilhomme:
Et pour vous faire prendre un ton plus adouci,
Je veux vous reciter la Fable que voici.

AGENOR.

Dépéchez donc.

ESOPE. [pp. 66/72]

LE CUISINIER ET LE CIGNE.

UN jour un Cuisinier insigne,
Qui beuvoit quelquefois un peu plus fort que jeu,
Pour mettre la Marmite au feu,
Pensant tuer une Oye, alloit tuer un Cigne.
On ne s'est jamais vû dans un danger plus grand:
Déja le bras levé s'apprétoit à descendre;

Quand l'Oiseau luy fait entendre
Une voix qui le surprend:
Jamais aux bords du Méandre,
Aucun Cigne en expirant,
N'a celebré sa mort d'une façon plus tendre.
Ses chants ne furent pas vains:
Malgré l'humeur assassine
De l'Ecuyer de Cuisine,
Le Fer luy tomba des mains.
Bien vous en prend, dit-il, d'avoir un tel ramage;
Je vous méconnoissois, si vous n'eussiez chanté.
Ainsi, la douceur du langage
Est, dans l'occasion, de grande utilité:
Il semble que le Ciel en ait fait l'appanage
Des Personnes de qualité;
Et dans un grand Seigneur, de la brutalité
Marque une Noblesse sauvage.

* * *

C'est à vous maintenant à vous faire raison:
Il faut être le Cigne, ou bien être l'Oyson.
Choisissez.

AGENOR. [pp. 67/*73*]

C'est un choix qui n'est pas difficile:
Je n'ay jamais receu de leçon plus utile;
Et pour vous faire voir que j'en veux profiter,
Je vous prie un moment de vouloir m'écouter.
J'aime, depuis deux ans, d'une ardeur tendre & pure,
Ce qu'ont fait de plus beau le Ciel & la Nature:
Vous sçavez s'il est vray, vous qui dans un seul jour
Pour les mêmes appas avez pris tant d'amour.
Si dans si peu de temps vôtre amour est extrême,
Quel doit estre le mien? jugez-en par vous-même:
Et s'il faut n'aimer plus, dites, de bonne foy,
Quel est le plus à plaindre, ou de vous, ou de moy?
La raison sur vos sens garde un si grand empire
Que d'abord qu'elle parle, ils n'osent la dédire:
Et pour m'oser flatter d'un si puissant effort
Ma raison est trop foible, & mon amour trop fort.
Par tout où vous passez vous répandez des graces:
Les coeurs de tout le Peuple accompagnent vos traces:

Faut-il que deux Amans soient les seuls entre tous
Qui refusent leur voix aux voeux qu'on fait pour vous?
Faites-vous un effort dont vous seul étes digne:
Faites...

ESOPE.

Voila parler en veritable Cigne.
Voila dans son malheur se plaindre noblement.
Certes, je suis fâché d'aimer si fortement:
Je sens je ne sçay quoy me reprocher dans l'ame
Que j'ay tort de troubler une si belle flâme;
Mais enfin, je suis homme; & quoy que mal bâty,
Je sens ce qu'en ma place un autre auroit senty.
L'amour que vous avez, quelque fort qu'il éclate,
N'a de plus que le mien qu'une plus vieille datte:
Et puisqu'il faut, sans fard, nous expliquer icy,
Ce que vous ne pouvez, je ne le puis aussi. [pp. 68/74]
J'en suis fâché.

AGENOR.

Monsieur, songez, je vous supplie,
A l'effort que je fais lors que je m'humilie.
Mon coeur qui jusqu'icy n'avoit jamais rampé...

ESOPE.

Vous allez faire l'Oye, ou je suis bien trompé.

AGENOR.

J'ay peur de faire pis, dans mon desordre extréme,
Si vous vous obstinez à m'ôter ce que j'aime.
Il m'est bien plus aisé de renoncer au jour,
Qu'à l'adorable objet pour qui j'ay tant d'amour.
Apres une si juste & si douce esperance...

ESOPE.

Et sçavez-vous aimer avec perseverance?
Peut-être que l'amour, que vous croyez constant,
Est de ces feux folets qu'on ne voit qu'un instant.
Vos tranquiles desirs ne trouvant plus d'amorce,
Le feu dont vous brûlez perdra toute sa force;

Et ce qui fut l'objet de vos tendres amours
Deviendra vôtre peine au bout de quinze jours.
Il n'est guere d'amour que l'hymen n'assassine.

AGENOR.

Moy, je pourrois cesser d'adorer Euphrsoine!
Si l'hymen de ma flâme interrompoit le cours
J'y voudrois renoncer pour l'adorer toûjours.
Non, non, sur mon amour le temps n'a point d'empire:
Mon sort est d'en avoir jusqu'à ce que j'expire:
Et si dans le tombeau tout ne finissoit pas,
J'aimerois Euphrosine au delà du trépas.
Il n'est rien qu'à ma flâme aisément je n'immolle.

ESOPE.

Mille qui l'ont promis ont manqué de parole.

AGENOR.

Si l'on m'en voit manquer, que le Ciel en courroux
Puisse lancer sur moy ses plus rigoureux coups: [pp. 69/75]
Et pour faire un serment dont je fremis moy-même,
Je consens que jamais Euphrosine ne m'aime.
Mon amour, pour changer, a fait un trop beau choix.

ESOPE.

Adieu: Nous nous verrons encor une autre fois.
Quelqu'un vient.

AGENOR.

Ciel! Je sors: mais plein d'inquietude:
Je ne puis demeurer dans cette incertitude:
Et quel que soit mon sort, dans une heure d'icy
Je me rendray chez vous pour en être éclaircy.

SCENE V.

MONSIEUR FURET, ESOPE.

Mr FURET.

JE viens de vos bontez implorer une grace,
Monsieur.

ESOPE.

Qu'est-ce? Parlez. Que faut-il que je fasse?

Mr FURET.

Crésus dans son Royaume a fort peu de Sujets,
A qui, sans vanité, soient mieux dûs ses bienfaits.

ESOPE.

Qu'avez-vous fait pour luy? Voyons; Je rends justice.

Mr FURET.

On ne peut faire plus pour luy rendre service.
Si les Sujets du Roy m'avoient tous ressemblé
Jamais aucun Etat n'eût été mieux peuplé:
Ses voisins trembleroient; & pour de foibles sommes
Il auroit toûjours prests quatre ou cinq cens mille hommes. [pp. 70/*76*]
J'ay quatorze Garçons, tous aussi grands que moy,
Et qui sont tous quatorze au service du Roy.
Assez brave autrefois, & ma femme assez belle,
Nous voulûmes au Roy témoigner nôtre zele:
Pour bien faire ma cour je ne menageay rien;
Et ma femme eut un zele aussi grand que le mien.
Nous montrer bons Sujets étoit nôtre délice.

ESOPE.

Quatorze Enfans!

Mr FURET.

Quatorze.

ESOPE.

Et tous dans le service?
Jamais envers l'Etat on n'en a mieux usé.
Il faut que vous soyez un Gentilhomme aisé:
Tant d'Enfans au service ont besoin d'une somme
Qui doit faire suer le plus gros Gentilhomme.

Mr FURET.

Monsieur, je ne suis pas Gentilhomme.

ESOPE.

Tant mieux:
Je n'en connois aucun qui soit pecunieux.
La Noblesse & l'argent sont broüillez, ce me semble,
A ne pouvoir jamais se bien remettre ensemble.
Qu'étes-vous?

Mr FURET.

J'ay l'honneur d'être un vieil Officier.

ESOPE.

Vous vous nommez?

Mr FURET.

Furet.

ESOPE.

Et vous étes?

Mr FURET.

Huissier.
Pour le repos de l'ame il n'est que cet Office. [pp. 71/77]

ESOPE.

Huissier! Et vous avez tant d'Enfans au service?
Vous vous mocquez. Portez vos mensonges ailleurs.

Mr FURET.

J'en ay fait sept Huissiers, & quatre Procureurs;
Un, qui de la Patroüille est l'Archer le plus brave;
Un Controlleur d'Exploits; & l'autre Rat-de-Cave.
Onze & trois sont quatorze, en tout pays, je croy.

ESOPE.

Ils font belle figure au service du Roy!
Au Diable vos Enfans, tant ils m'ont fait de peine:
Je croyois que le moindre étoit un Capitaine;
Et je trouve, en mon compte, une si grande erreur,
Que le plus honnête à peine est Procureur.
Le bel honneur au Roy, d'avoir à son service
Le Pressis, l'Elixir de toute la Malice.

Mr FURET.

Cresus, dont j'ay sur moy la Declaration,
Quand on a douze Enfans, donne une Pension.
J'en ay quatorze, & tous d'une Tige feconde.

ESOPE.

C'en est trop, des trois quarts, pour le repos du monde.
Il est vray que Crésus, Juste en toutes ses Loix,
Pour se faire des Bras qui soûtiennent ses Droits,
Veut que de ses bienfaits on honore les Peres:
Mais le cas, à mon sens, ne vous regarde gueres.
Avoir beaucoup d'enfans, pour marcher sur vos pas,
C'est donner à l'Etat des Mains, & non des Bras.
Je ne voy là pour vous nulle chose à prétendre:
Le Roy ne donne rien à qui sçait si bien prendre.

Mr FURET.

J'ay fait quatorze Enfans sur la foy des Edits:
Pour le bien de l'Etat, j'ay la Goute.

ESOPE. [pp. 72/78]

Tant-pis.

LES COLOMBES ET LE VAUTOUR.

UN jour les Colombes craintives
Sçachant que le Vautour vouloit se marier,
Se mirent si fort à crier,
Que le vent, jusqu'au Ciel, porte leurs voix plaintives.
Si luy seul nous desole, & nous mange aujourd'huy,
Disoit, en son langage, une Colombe habile;
Quel lieu nous servira d'azile
Contre un nombre d'Enfans aussi méchans que luy?

* * *

S'il suffit d'un Huissier, pour vuider une bourse,
Qui pourra, contre sept, avoir quelque ressource?
Croyez-moy, je vous prie, épargnez-vous l'affront
De vous vanter ailleurs d'avoir été fecond:
C'est un malheur [public qu'un] Huissier si fertile.
Loin qu'au bien de l'Etat, vôtre Hymen soit utile,
De quantité de gens le sort seroit plus doux,
Si jadis vôtre Mere eût avorté de vous.
Je fais profession d'être franc & sincere.
Vous le voyez.

Mr FURET.

Monsieur, si c'étoit à refaire,
Crésus, tout Roy qu'il est, auroit tort aujourd'huy,
S'il attendoit de moy ce que j'ay fait pour luy.
Il s'en manque beaucoup, quoy que Sujet fidelle,
Que pour peupler l'Etat je n'aye un si grand zele.
Quand de quatorze Enfans on me doit la façon, [pp. 73/*79*]
Un droit si bien acquis devient une chanson.
Si j'avois présumé travailler sans salaire,
Douze que j'ay de trop seroient encor à faire;
Et je vous répons bien que s'ils n'étoient pas faits,
Ils seroient en danger de ne l'être jamais.
Adieu.

ESOPE *seul.*

Monsieur Furet s'en va l'ame offensée,
De sa fecondité si mal recompensée:
Mais l'argent de Crésus seroit mal employé,

1650 **public: qu'un Huissier** *A, B, E, F, G*

Si de cette besogne il étoit mieux payé.

Fin du quatriéme Acte.

* * * * *

ACTE V.

SCENE I.

EUPHROSINE, DORIS.

EUPHROSINE.

DOris, tu me fais faire une étrange figure:
Ma raison y répugne, & mon cœur en murmure.
Quoy, tu veux que d'Esope implorant la bonté,
Luy qui m'est odieux, luy que j'ay maltraité;
Tu veux, dis-je...

DORIS.

Qui, moy? Je ne veux rien, Madame.
Je consens volontiers que vous soyez sa femme;
Et que demain, sans faute, il vous donne la main.

EUPHROSINE.

Luy, Doris? Ah plûtôt...

DORIS.

Tout est prest pour demain:
Parens, Amis, Festin: Et Monsieur vôtre Pere
Apprehende si fort qu'Esope ne differe,
Que si hâter la chose étoit en son pouvoir,
Ce qu'il fera demain, il le feroit ce soir.
J'ay rêvé, consulté, employé tout mon zele,

SCENE PREMIERE *F, G, H, L, M*

Donné la question à ma pauvre cervelle,
Et je n'ay point trouvé de remede plus prompt [pp. 75/*81*]
Qui pût de cet Hymen vous épargner l'affront.
Il faut absolument voir Esope vous-même:
Pour vous tout accorder il suffit qu'il vous aime.
Je ne voy que luy seul dont on puisse esperer
D'adoucir vôtre peine, ou de la differer.
Dites-luy qu'un seul jour est un trop foible espace
Pour chasser Agenor, & le mettre en sa place:
Et demandez du temps pour vous accoûtumer
A le voir, à l'entendre, & peut-être à l'aimer.
S'il vous en veut donner la grace est assez grande.

EUPHROSINE.

Mais je m'engage à luy, si j'obtiens ma demande.
S'il m'accorde du temps, prens-tu garde à cela?
Je deviens sa conqueste au bout de ce temps-là.
La crainte que j'en ay me rend toute interdite.

DORIS.

N'eussiez-vous d'autre espoir que dans la mort subite;
Outre qu'on voit souvent d'heureux coups du hazard,
Vous deviendrez sa femme au moins un peu plus tard:
C'est quelque chose.

EUPHROSINE.

Helas! que cet espoir est fade!

DORIS.

S'il étoit seulement si peu que rien malade!
J'ay, comme vous sçavez, un habile Cousin,
Homme de conscience, & sçavant Medecin,
Qui l'envoiroit bien-tôt *ad patres*.

EUPHROSINE.

Quelle attente!

DORIS.

Je fais ce que je puis. J'imagine, j'invente;
Je promene par tout mon esprit & mes yeux:
En un mot, comme en cent, je ne puis faire mieux.
Et pour tout dire, enfin, je fais plus, ce me semble, [pp. 76/*82*]
Qu'Agenor, ny que vous, ny que tous deux ensemble.
Pour sortir d'un tel pas on se demene encor.

EUPHROSINE.

Que veux-tu que je fasse, & que fasse Agenor?
Nous mettons tout en œuvre, & tout nous est contraire:
Agenor est encor aux genoux de mon Pere;
Et pendant que, peut-être, on méprise ses vœux,
Je viens chercher Esope, & fais ce que tu veux.
Tu fais beaucoup pour nous, je le sçay bien.

DORIS.

J'enrage.
Je voudrois de bon cœur faire encor davantage:
J'ay du zele de reste, il me faudroit du temps.

EUPHROSINE.

Celuy que je viens voir sçait-il que je l'attens?

DORIS.

Oüy, Madame, il le sçait.

EUPHROSINE.

Et que ne vient-il viste?
Du chagrin que j'auray je voudrois être quitte.

DORIS.

Quelques gens à sa porte attendoient à le voir:
Mais pour tarder long-temps il sçait trop son devoir;
Et dans l'empressement de dire qu'il vous aime...
Tenez, je croy l'entendre. En effet, c'est luy-même.

SCENE II. [p. 77/*83*]

ESOPE, EUPHROSINE, DORIS.

ESOPE.

JE viens vous faire excuse, & vous crier mercy,
De ce que, malgré moy, vous m'attendez icy.
Voyez si par mes soins, & par quelque service
Je puis de cette faute adoucir l'injustice.
Je voudrois que déja nous fussions à demain,
Pour avoir le plaisir de vous donner la main.
Ne vous semble-t-il pas, si vous y prenez garde,
Que le jour se prolonge, & que la nuit retarde?
Vous ne répondez rien.

DORIS.

Il est vray. Mais, Monsieur,
On ne peut, à son âge, avoir trop de pudeur.
Elle vient vous prier d'une petite grace.

ESOPE.

Commandez. Je suis prest: Que faut-il que je fasse?

DORIS *à Euphrosine.*

Dites donc quel dessein conduit icy vos pas.
Expliquez-vous.

EUPHROSINE.

Monsieur... Je ne vous aime pas:
Si je parle autrement, il faudra que j'impose.

ESOPE.

J'en avois entrevu quelque petite chose:
Mais comme assez souvent on aime à se flatter,
Sans ce nouvel aveu j'en aurois pû douter.
Je vous suis obligé de ce qu'il vous en coûte
Pour me tirer de peine, & pour m'ôter de doute.
Jusqu'au nœud conjugal je fais peu de progrés;
Mais ce qu'on perd devant, on le recouvre aprés. [pp. 78/*84*]
L'Hymen sçait embellir les sujets qu'il assemble;
Et je seray mieux fait quand nous serons ensemble.

EUPHROSINE.

Dussiez-vous m'exposer au plus affreux trépas,
Je n'épouseray point ce que je n'aime pas.
Je vous en fais le Juge, & vous en croy vous-même.
Pourquoy m'épousez-vous?

ESOPE.

Parce que je vous aime.

EUPHROSINE.

Hé bien, Monsieur, hé bien, puisqu'il en est ainsi,
Accordez-moy le temps de vous aimer aussi.
Puis-je venir à bout, quelque effort que je fasse,
D'oublier Agenor; de vous mettre en sa place;
D'immoler au devoir un si parfait amant;
Le puis-je, dites-moy, dans l'espace d'un jour?
Je ne refuse point de tâcher à le faire:
Mais pour y réussir le temps est necessaire.
Quand deux cœurs sont unis par des liens si forts
On ne les brise point sans d'extrémes efforts.
A ma juste priere ayez l'ame sensible:
Si je ne les romps pas, j'y feray mon possible.
Sur vous seul desormais tous mes sens occupez...

ESOPE.

Levez un peu les yeux.

EUPHROSINE.

Moy?

ESOPE.

Oüy. Vous me trompez.
Ce langage est trop doux pour être veritable;
Et dans si peu de temps on n'est point si traittable.
Je penetre aisément dans vôtre intention.

DORIS.

Oh, Monsieur, là-dessus, je suis sa caution.
J'ay le cœur sur la langue, & jamais je n'affecte...

ESOPE.

Tout franc, la caution m'est encor plus suspecte.
Je veux bien toutefois, pour contenter vos vœux,
Differer nôtre Hymen, & d'un jour, & de deux.
Je vous trouve si belle, & ma flâme est si forte
Que je puis en mourir de chagrin; mais n'importe.

DORIS.

Plust aux Dieux!

ESOPE.

Plaist-il?

DORIS.

Quoy?

ESOPE.

Vous invoquez les Cieux.

DORIS.

Je dis que de la mort vous preservent les Dieux.
Quelle perte!

ESOPE.

Vraiment je vous suis redevable.

EUPHROSINE.

Un jour ou deux, Monsieur! étes-vous raisonnable?
Pour un effort si grand, est-ce un terme assez long?

ESOPE.

Et quel temps, s'il vous plaist, me demandez-vous donc?
Voyons.

EUPHROSINE.

Un an ou deux. Je ne puis moins prétendre:
Je suis jeune...

ESOPE.

Et moy, vieux. Je ne sçaurois attendre.
Avant qu'il soit deux ans, ridicule & Barbon,
Je voudrois bien sçavoir à quoy je seray bon?
Qui me fuit maintenant, qui soupire, qui pleure,
En auroit dans deux ans une raison meilleure.
Differer de deux jours est tout ce que je puis:
Encor est-ce beaucoup dans l'état où je suis. [pp. 80/*86*]
Si vous sçaviez...

EUPHROSINE.

De grace, ayez plus de tendresse.
Peut-on rien refuser aux vœux d'une Maistresse?

ESOPE.

Je suis sourd.

EUPHROSINE.

Eh, Monsieur, ne vous prévalez pas
De ce qu'à vos desirs mon Pere tend les bras:
Songez que vous m'aimez, & que je vous en prie.

ESOPE.

Arrestez-vous. Je sens que j'ay l'ame attendrie.

DORIS.

Continuez, Madame, attendrissez encor!...

ESOPE.

Amenez vôtre Pere, & qu'on cherche Agenor.
Je vous donne du temps, j'ay cette complaisance;
Mais enfin, c'est un Pacte où je veux leur presence,
Afin qu'au bout du terme on en use si bien...

EUPHROSINE.

Ah, Monsieur, Agenor n'en fera jamais rien.
Luy me ceder!

ESOPE.

Je veux qu'il vienne, & qu'il s'oblige...

EUPHROSINE.

Il ne le fera point; je le sçay bien, vous dis-je.
Quand je l'en presserois je le ferois en vain.

ESOPE.

Si vous ne l'amenez soyez prête à demain.
Quelqu'un entre.

EUPHROSINE.

Ah, Doris! c'en est fait, je suis morte.
Sortons.

DORIS *bas.*

Maudit Gobin! que le Diable t'emporte.
Voilà pour Euphrosine un Amant bien tourné!

SCENE III. [pp. 81/*87*]

PIERROT, COLINETTE, ESOPE.

PIERROT.

PAlsandié je reviens, je ne suis pas damné.
J'ameine un Orphelin, qui n'a Pere ny Mere;
Et que je fais nourrir par nôtre Menagere.
Il est gras comme un Moine: il tette tout son sou.

ESOPE.

Un bel Enfant!

PIERROT.

Ma femme, est pardié belle étou.
Voyez.

ESOPE.

Elle est Jolie; & paroît bien instruite.
Pour un homme si grand, elle est un peu petite[.]

PIERROT.

De méchante denrée, & de mince valeur,
Tant moins que l'on en a, tant plus c'est le meilleur.

ESOPE.

Il faut s'aymer, bien vivre, & l'Hymen en revanche...

PIERROT.

Je vivons pardié bien. J'ons ce soir une Eclanche,
Aussi belle...

ESOPE.

Jamais ne vous querellez-vous?

COLINETTE.

Non, Monsieur, Dieu marcy, Pierrot est assez doux.
Il est, quand il s'y boute, un tantinet yvrogne;
Mais tenez, pour le reste il va droit en besogne.
Il n'a dans tout son corps, pas un endroit malin.

ESOPE. [pp. 82/*88*]

Et vous nourrissez donc ce petit Orphelin?

COLINETTE.

Oüy, Monsieur.

ESOPE.

Vos Enfans l'ayment-ils?

COLINETTE.

Pour les nôtres,
Ils sont devenus morts; mais j'en referons d'autres;
Pierrot est jeune.

1819 un peu petite; ***A, B, F, G***

ESOPE.

Hé bien, à quoy vous suis-je bon?
Qui te fait revenir; est-ce ta Charge?

PIERROT.

Oh, non.
Si je venons vous voir, c'est pour ce petit drille;
Qui, s'il pouvoit parler, vous diroit qu'on le pille.
Comme il est mon Neveu, je somme un peu parens.
Il avoit de bon Bien, pour huit ou neuf cens francs:
Mais j'avons pour Seigneur, certain grand Escogrife,
Qui de tous les Seigneurs a la meilleure Griffe;
Et qui d'un petit Pré voulant en faire un grand,
Enchassi dans le sien, le Bien de cet Enfant.
Tu sçais cela par cœur, jase un peu Colinette:
Dy ce que c'est.

COLINETTE.

Monsieur, l'Orphelin qui me tette
Est un petit Marmot, que j'avons par emprunt:
Avant qu'il fut venu, son Pere étoit deffunt.
Dés qu'on l'eut débardé, ce fut une Vipere:
Sa Mere le fesit, luy defesit sa mere:
Et son trépassement luy laissi quelque Bien,
Que ce vilain Monsieur a bouté dans le sien.
Il dit, bredi-breda, mais on ne le croit guere,
Qu'il presti de l'argent à deffunt son grand Pere;
Et quand je luy montrons que cela ne se peut,
Pour nous farmer la bouche, il nous dit, qu'il le veut. [pp. 83/*89*]
Nos meilleures raisons sont pour luy des vetilles;
Plus je trouvons de trous, plus il a de chevilles;
Et comme il est le Maître, & qu'il a du credit,
D'une seule menace, il nous abasourdit.
Un Bichon, contre un Dogue, a peine à se deffendre.
Si vous n'y boutez ordre, il est homme à tout prendre.
Quand je l'alli prier d'un peu mieux en agir,
Il me disi des mots, qui me firent rougir;
Et comme je suis douce, & qu'il a bonne gueule...
Tien Pierrot, de mes jours, je n'y vas toute seule.
Un Loup dans un Troupiau n'est pas plus malfaisant.

PIERROT.

Rien n'est mordié pour luy, trop chaud ny trop pesant.
Comme il est le Seigneur, quelque chose qu'il prenne,
Il dit pour ses raisons, que c'est un droit d'Aubaine.
Tous les jours de sa poche, il tire un droit nouviau:
Qu'on prenne une Ecrevisse, ou qu'on tüe un Moiniau,
Il fait tout sur le champ, dans sa furie extrême,
Un biau Procés de Dieu, fut-ce à son Pere même.
Il prend à toutes mains, & de toutes façons.
Il vendroit, s'il pouvoit, l'Air dont je joüissons.
Il nous disme nos Choux, nos Poiriaux, nos Citroüilles.

COLINETTE.

Les Fossez du Châtiau, sont tout pleins de Grenoüilles,
Qui, par méchanceté, luy font un si grand bruit,
Qu'il ne dort pas un brin, tant que dure la nuit.
Par un papier qu'il a, grifonné d'un Notaire,
Il veut, bon-gré, mal-gré, que je les faisions taire;
Et faute jusqu'icy, d'empêcher leur cancan, [pp. 84/*90*]
Chaque Maison du Bourg paye un écu par an.
C'est un Dogue affamé, qui toujours mord ou ronge.
Empêcher des Crapaux de crier! le pouvons-je?
Dites-moy.

ESOPE.

De tout temps le foible eut toujours tort.
Le plus cruel des droits est le droit du plus Fort.
Il faut que le plus Foible ait dans son infortune,
Pour fléchir le plus Fort, trente raisons contre une:
Encor assez souvent, celles qu'il peut avoir,
Servent-elles de peu, comme vous allez voir.

LE LOUP, ET L'AGNEAU.

UN Loup se trouvant à boire,
Où beuvoit un jeune Agneau,
Eut d'abord l'ame assez noire
Pour luy vouloir faire accroire
Qu'il avoit troublé son eau.
Qui te rend si temeraire?
Luy dit ce traître, en courroux.
L'Agneau, qui justement craint sa dent sanguinaire,

Prenant, pour le toucher, un ton flateur & doux:
Eh! comment, Monseigneur, cela se peut-il faire?
Je me suis, par respect, mis au dessous de vous.
J'ay toûjours sur le cœur une vieille querelle,
    Répondit la Bête cruelle,
Où tu te déclaras mon mortel ennemy:
Depuis six mois entiers j'en cherche la vangeance.
Je n'ay, répond l'Agneau, que deux mois & demy:
Comment pouvois-je alors vous faire quelque offence?
Ta Mere qui me hait, & qui ne sçait pourquoy;
Hier, par deux Mâtins, me fit long-temps poursuivre.[pp. 85/*91*]
    Ma Mere cessa de vivre,
    Quand elle accoucha de moy.
    C'est donc ton Pere? Mon Pere
Du Boucher inhumain a senty la fureur.
    C'est donc ta Sœur, ou ton Frere?
    Je n'ay ny Frere ny Sœur.
Oh bien, qui que ce soit, il faut que je me vange:
Je suis las d'écouter tout ce que tu me dis.
Lors, sans plus de raison, il l'égorge & le mange.
Force Grands font de même à l'égard des Petits.

* * *

N'est-il pas vray?

COLINETTE.

Pierrot, le joly petit Conte!

PIERROT.

Eh fi! Mordié, le Loup devroit mourir de honte:
L'Agneau beuvoit à part, & ne luy disoit mot.

ESOPE.

Ma pauvre Colinette, & mon pauvre Pierrot,
Voila comme à peu prés, par le commun usage,
Font envers leurs Vassaux les Seigneurs de Village.
Quand d'un Bois, ou d'un Champ, il leur plaît un morceau,
Des Agneaux malheureux troublent toûjours leur eau;
Et pour peu qu'on resiste aux raisons qu'ils se forgent,
Non contens de les tondre, on voit qu'ils les égorgent.
Il sera bien-tôt nuit, & vous êtes de loin:
Adieu. De cet Enfant, ayez beaucoup de soin.
Je ne partiray point sans luy rendre Justice.

PIERROT. [pp. 86/*92*]

Ecoutez, je sçavons comme on paye un sarvice:
Si vous en usez bien, à biau jeu biau retour.

COLINETTE.

N'allez point nous bailler d'iau benîte de Cour.
On dit qu'en ce lieu là l'on fait semblant qu'on s'aime;
Et que promettre, & rien, c'est quasiment de même.

ESOPE.

Allez, je suis sincere, & le suis en tout lieu.

PIERROT.

Adieu. Je vous quittons. Voicy du monde.

ESOPE.

Adieu.

PIERROT.

Mordié, plus je le voy, moins je devine comme
On a mis tant d'Esprit dans un si vilain homme.

SCENE IV.

DEUX COMEDIENS, ESOPE.

LE PREMIER COMEDIEN.

MOnsieur (car par la Ville on dit publiquement,
Que vous ne voulez pas qu'on vous traite autrement.)
Choisis par nôtre Corps, nous faisons nos delices
De venir vous offrir ses tres-humbles services.
Le soin de vos plaisirs conduit icy nos pas.

ESOPE.

Etranger en ce lieu, je ne vous connois pas.
Qu'estes-vous, s'il vous plaist? Votre mine est si haute,
Que peut-être en parlant ferois-je quelque faute.

LE II. COMEDIEN. [pp. 87/*93*]

Comediens. Bien-tôt nous vous serons connus.

ESOPE.

Comediens! Ho! ho! soyez les bien venus:
Vous donnez des plaisirs dont je suis idolâtre.
Hé bien, qu'est-ce Messieurs, comment va le Theatre?
Combien dans vôtre Troupe êtes-vous d'Acteurs?

LE I. COMEDIEN.

Trop.

Lors que moins on y pense, il en vient au Galop.

ESOPE.

Tant mieux. A bien joüer le grand nombre s'excite.

LE II. COMEDIEN.

Tant-pis. Car plus on est, plus la part est petite.

ESOPE.

La Scene est plus remplie, & chacun prend des soins...

LE I. COMEDIEN.

La Scene est plus remplie, & la bource l'est moins.
Pour peu qu'en ce Mêtier on ait le Vent en poupe
Quinze Acteurs, bien choisis, sont une bonne Troupe:
Suivant leur Caractere ils ont tous de l'Employ;
Pour bien joüer son Rôlle on ne s'attend qu'à soy;
Mais quand on est beaucoup, d'un même Caractere,
Un Auteur en suspens ne sçait ce qu'il doit faire,
Sur qui que ce puisse être où s'arrête son choix,
Pour en contenter un, il en chagrine trois;
Et s'il faut m'expliquer à dessein qu'on m'entende,
C'est un petit Cahos qu'une Troupe si grande.

ESOPE.

Avez-vous des Auteurs dans cette Ville-cy?

LE II. COMEDIEN.

Oüy, Monsieur.

ESOPE.

Bons?

LE II. COMEDIEN. [pp. 88/*94*]

Eh, eh...

ESOPE.

J'entens. Couci, couci.
Malheur à qui s'en mêle, & n'en est pas capable:
S'il n'a pas l'art de charmer il n'est point excusable:
Le severe Auditeur, pour un mot de travers,
Ne fait misericorde à pas un de ses Vers:
Il est si delicat que pour le satisfaire
Il faut du Merveilleux, ou bien du Necessaire.
Qu'on n'ait point de Pain blanc on en mange du bis;
De Velours, ou de Serge on se fait des habits;
Parce qu'en quelque état que le destin nous range
Il faut absolument qu'on s'habille & qu'on mange:
Mais, du consentement de cent Peuples divers,
Rien n'est moins necessaire au Monde que des Vers,
Et par cette raison, qui me semble équitable,
Les passablement bons ne vallent pas le Diable.

LE II. COMEDIEN.

Nous representerons, quand vous nous viendrez voir,
L'Ouvrage le plus beau que nous puissions avoir.
A vous bien divertir toute le Troupe aspire.
Quel jour choisissez vous?...

ESOPE.

Je ne puis vous le dire.

LE II. COMEDIEN.

De grace...

ESOPE.

Je ne sçay quand j'auray le loisir.

LE I. COMEDIEN.

Un jour dans la semaine est facile à choisir:
Il nous est important d'avoir vôtre réponse.

ESOPE.

Pourquoy?

LE I. COMEDIEN.

Par la raison qu'il faut qu'on vous annonce.
Quand vous nous viendrez voir, plus de monde y viendra, [pp. 89/*95*]
Que tout vaste qu'il est nôtre Hôtel n'en tiendra:
Et comme un vray Phenix, unique en vôtre espece,
Ce sera pour vous voir plus que pour voir la Piece.
J'en suis sûr.

ESOPE.

C'est à dire, à parler plus nettement,
Que c'est moy qui seray le divertissement:
Et pour aller au but où vôtre Troupe aspire,
Vous tirerez l'argent, & moy je feray rire.
Je veux de m'annoncer vous épargner le soin.
C'est un honneur trop grand, & dont je suis trop loin:
Il n'est que pour les Gens du plus sublime Etage;
Et qui n'est rien du tout, doit au moins être sage.
Nous avons en passant déchiffré les Auteurs:
Parlons un peu de vous. Estes-vous bons Acteurs?
Je dis en general sans designer personne.

LE II. COMEDIEN.

Oüy, Monsieur, nôtre Troupe est vraîment assez bonne.
Non qu'on soit tous égaux, ne croyez pas cela;
Les uns sont merveilleux, & les autres…

ESOPE.

Là. là.
Je vous entens. La Troupe en public étalée,

C'est à dire, entre nous, Marchandise mêlée.
Ne vous figurez pas qu'en ne faisant pas bien,
Vous soyez épargnez, vous qui n'épargnez rien:
Pour reprendre avec fruit les sottises des autres,
Il faut avoir le soin de bien cacher les vôtres;
Et ne pas follement s'exposer à l'ennuy,
De montrer ses deffauts en joüant ceux d'autruy.
Donnez-vous au Public forces Pieces nouvelles?

LE I. COMEDIEN.

Tous les mois.

ESOPE. [pp. 90/*96*]

Ou du moins qu'on fait passer pour telles.
Depuis neuf ou dix ans, & cela n'est pas beau,
Vos Nouveautez, dit-on, n'ont plus rien de nouveau.
Qu'on annonce une Piece on promet des merveilles,
Qui de chaque Auditeur charmeront les oreilles:
Et quand pendant un mois on l'a prosnée ainsi,
On rencontre souvent ce qu'on va voir icy.

LA MONTAGNE QUI ACCOUCHE.

LE bruit courut un jour qu'une haute Montagne,
Dans une heure accoucheroit:
Chacun se mit en campagne,
Pour voir l'Enfant qu'elle auroit.
Mais ce Colosse affreux, dont l'orgueilleuse tête
Alloit jusques au Ciel deffier la tempête,
Et de tous les Passans rendoit les yeux surpris;
Trompant des Spectateurs l'ardeur impatiente,
Aprés une longue attente,
Accoucha d'une Souris.

* * *

Vous ne pouvez nier, tout Acteurs que vous êtes,
Que ce que je dis là ne soit ce que vous faites.
Qui de vous, je vous prie, est le Complimenteur?

LE I. COMEDIEN.

C'est moy, Monsieur.

ESOPE.

C'est vous?

LE I. COMEDIEN.

Moy-même.

ESOPE.

Ergo, Menteur.
Celuy qui fait l'Annonce, & qui taille & qui coupe, [pp. 91/*97*]
Est ordinairement le Menteur de la Troupe.
Il vaut mieux loüer moins, & ne pas tant mentir.
A vous voir toutefois je veux bien consentir.
Mais quand j'iray chez vous joüez, s'il est possible,
Ce que dans vôtre Troupe, on a de plus risible:
Pour me laisser douter, fait comme je me voy,
Si l'on rit de la Piece, ou si l'on rit de moy.
Il n'est point, où je suis, de Tragique où l'on pleure.
Joüez vous tous les jours?

LE II. COMEDIEN.

Oüy, Monsieur.

ESOPE.

A quelle heure?

LE II. COMEDIEN.

Dans une heure au plus tard nous allons commencer.

ESOPE.

Voila le vray moyen de ne pas m'annoncer.
Messieurs, pour áujourd'huy je retiens une Loge.

LE I. COMEDIEN.

On n'aura pas le temps de faire vôtre Eloge.

ESOPE.

Et m'en peut-on faire un à moins qu'il ne soit faux?
Que l'on n'ait pas le temps de compter mes deffauts:
Cela suffit.

LE II. COMEDIEN.

Et quoy, vous êtes inflexible?

ESOPE.

A vous servir ailleurs je feray mon possible:
Adieu. Je voy des gens, que j'ay mis en courroux,
Que je veux débaucher pour les mener chez vous.

SCENE DERNIERE. [pp. 92/*98*]

ESOPE, LEARQUE, EUPHROSINE,

AGENOR, DORIS.

ESOPE.

O ça, je suis ravi de vous voir tous ensemble:
Parlons de bonne foy sur ce qui nous assemble.
Monsieur le Gouverneur, quel est vôtre dessein?

LEARQUE.

De vous donner ma Fille.

ESOPE.

Et quand?

LEARQUE.

Demain.

EUPHROSINE.

Demain!
Mon Pere, à mon égard, montrez-vous moins severe;
Monsieur en use mieux, il consent qu'on differe;
Ma priere le touche, & rien ne vous émeut!

ESOPE.

Hé bien donc, à demain, puisque Monsieur le veut.

AGENOR.

Ne vous en flattez point, si vous n'avez envie
De m'arracher ensemble Euphrosine & la vie.
Je vois où je m'expose, & sçais vôtre credit;
Il n'est rien, là-dessus, que je ne me sois dit:
Crésus ne voit, n'entend, n'agit que par vous-même;
Mais qu'ay-je à redouter si je perds ce que j'aime?
Et que peut-il me faire, avec tout son pouvoir,
Qui soit pis que ma rage, & que mon desespoir?
Monsieur le Gouverneur m'a promis Euphrosine;
Et ce n'est plus à luy le bien qu'il vous destine. [pp. 93/*99*]
J'ay receu sa parole, & je m'y suis fié.

LEARQUE.

Il est vray: mais Monsieur est privilegié.

ESOPE.

Voyons donc, s'il vous plaist, quel est mon privilege.
Suis-je plus beau? mieux fait? noble? riche? enfin, qu'ay-je?
Parlez.

LEARQUE.

N'êtes-vous pas Favori de Crésus?

ESOPE.

Peut-être que demain je ne le seray plus:
Et comme la Faveur n'est qu'un éclair qui brille,
Qui passe rarement dans la même famille,
Elle a, quand elle change, un retour si cuisant,
Que la Faveur passée est un malheur present.
Agenor est bien fait, & vôtre Fille est belle;
L'un est né Gentilhomme, & l'autre Demoiselle;
J'ay fait de leur amour un severe examen;
Ce sont les plus beaux feux que puisse unir l'Hymen:
Et je n'ay feint d'aimer, & de nuire à leur flâme,
Que pour approfondir ce qu'ils avoient dans l'ame.
Il me feroit beau voir, chargé comme un Atlas,

Faire le Soûpirant pour de jeunes appas!
Le seul âge inégal rend l'hymen miserable;
Et si vous en doutez, écoutez cette Fable.

L'HOMME ET LES DEUX FEMMES.

UN Homme des plus insensez,
A quarente-cinq ans, le cœur rempli de flâmes,
S'avisa d'épouser deux Femmes:
Pour le faire enrager une c'étoit assez.
L'une avoit soixante ans, & l'autre vingt & quatre: [pp. 94/*100*]
Toutes deux à l'envy le vouloient à leur goût;
Et souvent c'étoit à se battre
A qui mieux en viendroit à bout.
Pour le faire à leur badinage
L'une & l'autre n'oublioit rien:
La Vieille souhaitoit qu'il parût de son âge;
La Jeune auroit voulu qu'il eût été du sien.
Tous les matins, sous un pretexte honneste
De montrer leur amour par de petits devoirs,
Chacune, en le [peignant], arrachoit de sa teste
L'une les cheveux blancs, l'autre les cheveux noirs.
Enfin chauve & pelé, sa presence importune
Le rendit par tout odieux.
Pour combler un Hymen de joye & de fortune
Il faut l'assortir un peu mieux:
Il étoit trop jeune pour l'une,
Et pour l'autre il étoit trop vieux.

* * *

Monsieur le Gouverneur, vous me devez entendre.

LEARQUE.

J'accepte avec plaisir Agenor pour mon Gendre:
Votre approbation en augmente le prix.

AGENOR.

Je ne puis dire un mot, tant vous m'avez surpris!
Monsieur, c'est justement que chacun vous renomme:
Je doute que la Terre ait un plus honneste homme.

2103 **vingt-quatre:** *K*
2113 **paignant** *A, B, C, K*

EUPHROSINE *à Esope.*

Vous voyez mes raisons pour ne vous point aimer;
Mais je n'en ay pas moins pour vous bien estimer:
Je m'en fais un devoir que rien ne peut enfraindre.

ESOPE *à Doris.* [pp. 95/*101*]

Vous, qui du Chat-huant n'avez plus rien à craindre...

DORIS.

Oh, Monsieur, contre moy n'ayez point de courroux.
Tout le monde eût pensé ce que j'ay dit de vous.

ESOPE.

Fort bien. C'est s'excuser d'une belle maniere!
N'importe; oublions tout; rendons la joye entiere.
Loin de mettre un obstacle à vos justes desirs,
Je veux faire aux chagrins succeder les plaisirs:
C'est, en Amy sincere, à quoy je m'étudie,
Commençons dés ce soir par voir la Comedie;
Et pendant la Faveur dont m'honore le Roy,
Qu'aucun, avec raison, ne se plaigne de moy.

Fin du cinquiéme & dernier Acte.

* * * * *

EXTRAIT DU PRIVILEGE DU ROY. (1)

PAr Grace & Privilege du Roy, donné à Paris le 16. Février 1690. & signé par le Roy en son Conseil, LE MENESTREL; Il est permis à Theodore Girard, Marchand Libraire à Paris, de faire imprimer, vendre, & distribuer une Comedie intitulée *Les Fables d'Esope*, pendant le temps de six années entieres & consecutives, à compter du jour qu'elle sera achevée d'imprimer pour la premiere fois: Avec deffences à toutes personnes de quelque qualité & condition qu'elles soient, de contrefaire ou faire contrefaire ladite Comedie, à peine de trois mille livres d'amende, confiscation des exemplaires contrefaits, & de tous dépens, dommages & interests, ainsi qu'il est plus au long contenu audit Privilege.

Registré sur le Livre de la Communauté des Libraires & Imprimeurs de Paris le 21. Février 1690. suivant l'Edit, Statuts, & Reglemens.
Signé, P. TRABOÜILLET, & P. AUBOÜIN, Adjoints.

Achevé d'Imprimer pour la premiere fois, le 18. Mars 1690.

Extrait de la Continuation du Privilege du Roy. (2)

PAr Grace & Privilege du Roy, donné à Versailles le 19. Février 1696. signé BECHET, il est permis à Theodore Girard de r'imprimer, vendre & débiter *les Fables d'Esope, Comedie du Sieur Boursault*, pendant le temps de huit années consecutives, à commencer du jour de l'expiration du premier Privilege, avec deffence à toutes personnes de la contrefaire ny d'en vendre de contrefaites, à peine de trois mille livres d'amende, confiscation des exemplaires, &c. ainsi qu'il est plus au long contenu audit Privilege.

Registré sur le Livre de la Communauté des Libraires & Imprimeurs de Paris le 22. Février 1696.
Signé P. AUBOUYN, Sindic.

---

(1) Extrait du privilège *Texte de A*
(2) Extrait de la continuation *Texte de J*

PRIVILEGE DU ROI. (3)

[Accordé à la Veuve de PIERRE RIBOU pour la réimpression de divers ouvrages, y compris] *le Theatre François, ou Recüeil des meilleures Pieces de Theatre, & Poësies des anciens Auteurs, & notamment des Sieurs de la Fosse, Haute-Roche, Pradon, Poisson, Boursault, Quinault, de la Grange, Dancourt, Baron, & de Crebillon*
[Paris 27 septembre 1720. Registré 27 septembre 1720]

Ladite Veuve Ribou a fait part du present Privilege aux sieurs le Breton pere & fils, suivant l'accord fait entr'eux.

APPROBATION. (4)

J'AY lû par l'ordre de Monseigneur le Garde des Sceaux, un *Recüeil de toutes les Pieces de Théatre de M. Boursault;* & j'ai cru que le Public recevroit avec plaisir une édition complette de ces Ouvrages, parmi lesquels il y en a plusieurs qui attirent toujours des applaudissemens dans les representations. Fait à Paris ce 30 Juillet 1722. DANCHET.

(3) Privilège *Extrait du texte de O*
(4) Approbation *Texte de O*

NOTES

Nous utilisons les abréviations suivantes:

Cayrou	G. Cayrou, *Le français classique*, 2e éd., Paris, 1924
Richelet	P. Richelet, *Dictionnaire françois*, Genève, 1680
Furetière	A. Furetière, *Dictionnaire universel*, La Haye & Rotterdam, 1690
Académie	*Dictionnaire de l'Académie Françoise*, Paris, 1694.

FRONTISPICE

Le frontispice de l'édition originale nous donne une image de la scène finale de l'acte III. Le petit Agaton et sa sœur Cléonice se disputent au sujet d'un miroir. Esope intervient afin de calmer les esprits et en tire une leçon morale. Ces petits enfants sur scène ont dû impressionner le public, d'où le choix de ce moment de la pièce par l'artiste. A cette époque les petits garçons s'habillaient à peu près de la même façon que les filles. Esope, en se tournant vers Agaton, laisse voir sa fameuse bosse. Chez Le Pautre il est tourné vers la droite; chez Audran vers la gauche. Du point de vue théâtral, on peut noter la disposition sur scène des loges et des bancs (protégés ici par une balustrade).

La signature de Le Pautre manque d'initiale, mais il s'agit sans doute de Pierre (1660–1744) plus connu comme sculpteur. Les Audran, originaires de Lyon, se distinguaient dans la gravure et la décoration. Le graveur hollandais, Jon van den Avele, qui fit la copie dans F et G, ne nous est pas connu.

EPITRE AU DUC D'AUMONT

Le duc d'Aumont, né en 1632, hérita du titre en 1669 et acheta la charge de Premier Gentilhomme de la Chambre, ce qui lui donna droit de regard sur les théâtres, selon le Règlement de 1685. Spanheim signale que "quoique sans lettres ou savoir [il] se mit dans la curiosité de la recherche des antiquités romaines". Plus tard il contribua à la fondation de l'Académie des Médailles en 1701.

La gratitude de Boursault à son égard était pleinement justifiée. Car le duc avait sauvé la représentation de la pièce, un moment menacée, et s'était porté garant de la loyauté politique de son auteur.

LIGNE

32 *habile* : Savant

34 *Crésus* : Dernier roi de Lydie, d'une richesse légendaire, vaincu par Cyrus, roi de Perse, vers 547 av. J.-C. Dans *Esope à la cour* (1701) Boursault lui donnera un rôle important. Plutarque, dans la *Vie de Solon*, semble être la source antique de cette tradition des relations entre Crésus et Esope. Repris dans la vie d'Esope composée par Planude, cet aspect de la légende est utilisé au dix-septième siècle par Mlle de Scudéry dans *le Grand Cyrus* (1649–53), IVe partie et par La Fontaine dans sa *Vie d'Esope* (1668). Chez La Fontaine, c'est Lycérus, roi de Babylone, qui lui fit ériger une statue, tandis que Phèdre (II, ix) l'attribua aux Athéniens.

36 *l'une des plus delicates Plumes* : La Fontaine dédia le premier recueil de ses *Fables choisies mises en vers* (1668) au Dauphin, alors âgé de six ans et demi. La suppression de cette allusion dans l'édition de Bruxelles (1690) s'explique par l'état de guerre qui existait à l'époque entre la France et l'Espagne: à Bruxelles on ne considérait pas Louis XIV comme le "monarque le plus auguste du monde".

44 *succez de mon Ouvrage* : Boursault prend plaisir à souligner partout l'énorme succès de sa comédie — voir par exemple le début de la Préface.

PREFACE NECESSAIRE

Cette Préface est peut-être nécessaire à cause des fables insérées dans le texte de la comédie, ce qui crée en quelque sorte un genre nouveau, la comédie moralisante. Boursault se justifie à cet égard en évoquant surtout la réussite de la pièce.

LIGNE

7 *Les Regles du Théatre* : Boursault ne fait que répéter les affirmations de Corneille (*Discours* I, 1660) et de Racine (Préface de *Bérénice*, 1670). Mais il rappelle aussi la déclaration de La Fontaine dans la Préface des *Fables*: "On ne considère en France que ce qui plaît: c'est la grande règle et pour ainsi dire la seule". L'accent mis sur la notion de plaisir peut paraître assez paradoxal dans le contexte d'une pièce aussi moralisatrice qu'*Esope*.

11 *se distinguer* : Molière avait attaqué de la même façon Lysandre et ses confrères dans la *Critique de l'Ecole des Femmes.*

23 *du temps d'Esope* : Boursault se défend tant bien que mal contre l'accusation d'avoir multiplié les anachronismes. Il est tiraillé entre les exigences de la vérité historique et la fonction de la comédie (miroir de la vie contemporaine) définie par Molière: "l'affaire de la comédie est de représenter en général tous les défauts des hommes, et principalement des hommes de notre siècle" (*L'Impromptu de Versailles*, iv); "vous n'avez rien fait, si vous n'y faites reconnaître les gens de votre siècle" (*Critique de l'Ecole des Femmes*, vi).

42 *Cette Comedie* : Paragraphe confus. Boursault aborde la question du "nœud" mais l'abandonne assez rapidement sans justifier l'intervention plutôt gratuite d'Esope dans les affaires d'Euphrosine. Suit une présentation des personnages secondaires dont il va jusqu'à prétendre qu'ils fournissent tout l'agrément de la pièce. Mais alors il change encore de terrain et met l'accent sur la morale, plutôt que sur le plaisir. Finalement il esquive toutes les difficultés en affirmant que sa pièce est *sui generis*, d'un genre nouveau, justifié sous tous les aspects par son succès éclatant. Le thème du "jeu de Theatre", mentionné tout au début, ne sera traité qu'au paragraphe suivant.

78 *le jeu de Theatre* : "*Terme de comédien*" (Richelet). "On appelle *jeux de theatre*, Certaines équivoques qui se font entre les Acteurs qui ne s'entendent pas, & qui donnent quelque plaisir aux spectateurs qui n'y font pas sur le champ reflexion, quoy qu'il n'y ait au fonds ni vrai-semblance ni solidité. Ces *jeux de theatre* ont esté autrefois plus en vogue qu'ils ne le sont à present" (Furetière). Dans cette pièce il s'agit peut-être de l'équivoque par laquelle Esope se présente comme le futur mari d'Euphrosine.

83 *petits Enfans* : En 1691 Racine devait répondre à des critiques similaires adressées au personnage de Joas (âgé de neuf à dix ans). Il est remarquable que Racine, lui aussi, utilise cet argument basé sur des considérations de classe sociale. Dans la comédie, Molière avait déjà ouvert la voie, par exemple avec Louison dans le *Malade imaginaire* (1673). L'actrice Mlle de Villiers (sœur de Raisin qui joua le rôle d'Esope) avait établi en 1685 une troupe de huit enfants. En 1688 elle amena à Paris ces "Petits Comédiens Françoqis" pour les faire jouer dans une salle spécialement construite. Les acteurs de la Comédie Françaqise portèrent plainte et, par ordre du roi, la salle dut fermer ses portes. Dans *Esope*, c'était la petite Des Mares jouait Cléonice. Alors âgée de huit ans, elle devait être tout à fait le contraire de son personnage: loin d'être "fort laide", elle allait devenir au 18e siècle l'une des actrices les plus charmantes du temps, célébrée par Lesage dans *Gil Blas.* Du petit Des

Brosses qui jouait Agaton, nous savons peu de chose. Ces enfants reçurent chacun six livres. Ils devaient être superbement vêtus, car leurs deux habits coutèrent ensemble 232 livres. Un autre jeune acteur, le petit Du Périer (peut-être Léon, âgé de seize ans) prononça le Prologue.

84 *une Fable* : Voir Phèdre, III, vii, *Frater et soror.*

105 *j'ay tremblé* : En effet les premières représentations ne furent guère encourageantes. Après la première (515 specatateurs), on bouda la pièce. Il y eut 372 spectateurs à la deuxième représentation, seulement 188 à la troisème. Ce n'est qu'à partir de la quatrième représentation que le succès s'affirme et il sera durable.

112 *sous le nom d'Esope* : Dans le Registre de la Comédie Française on écrit toujours *Esope*, titre qui figure aussi sur le faux-titre des premières éditions.

118 *m'en louër* : Le succès financier peut figurer en bonne place parmi les causes de satisfaction de l'auteur. Boursault gagna en fin de compte une somme record — 3225 livres 7 sols.

120 *Monsieur de la Fontaine* : Boursault passe sous silence les autres imitateurs de La Fontaine qui ont aussi renoué avec la tradition de la Renaissance en mettant en vers des fables: citons Saint-Glas (1670), Mme de Villedieu (1670), Furetière (1671), Desmay (1677), Benserade (1678), La Barre (1687).

124 *inimitable* : Echo des paroles de Furetière, *Fables morales et nouvelles*, qui loua "la nouvelle et excellente traduction" de La Fontaine "dont le stile naif & Marotique, est tout à fait inimitable".

PROLOGUE

Plutôt négligé par les dramaturges français du dix-septième siècle, le prologue doit, selon l'opinion des anciens (tel Donat), être considéré comme l'un des éléments constitutifs de la comédie. Par l'emploi de la forme *commendativa* du prologue pour louer sa pièce, Boursault suit ici l'exemple de Plaute. La fable, elle, est imitée d'Esope (qui l'intitule *Demades*) et de La Fontaine (*Fables*, VIII, 4). Elle est bien choisie car sa fonction théâtrale correspond exactement au thème qu'elle présente (piquer la curiosité d'un public blasé).

Ce prologue représente probablement le premier effort que Boursault ait fait pour sauver sa comédie, boudée par le public.

VERS

35 *Juges coupables* : Irrités par ses insultes, les citoyens de Delphes condamnèrent Esope comme sacrilège et le firent périr. Les dieux punirent ces juges coupables en envoyant la peste qui fit des ravages dans la ville de Delphes.

38 *Quolibets* : "Misérable pointe qui ne porte d'ordinaire sur rien & où il y a presque toûjours du faux" (Richelet).

45 *sa Bosse* : Elément principal du portrait traditionnel d'Esope, comme nous pouvons le voir sur le frontispice.

FAUX-TITRE

Dans la première édition il offre au lecteur le titre original de la comédie, c'est-à-dire *Esope*. Assez tôt elle est devenue *Les Fables d'Esope*, comme sur la page de titre. Après 1701 elle change de nouveau et s'intitule *Esope à la ville*.

PERSONNAGES

Le Registre de la Comédie Française indique le nom des acteurs et des actrices: MM. Champmeslé, Raisin C. [Cadet], Guerin, La Thorilliere, Desmares, Roselis, Du Perier, Raisin L. [L'Aîné]; Mlles Beauval, Dancourt, La Grange, Poisson, Du Ryeux, Desbrosses. Pour la plupart la distribution exacte des rôles reste spéculative. Il est pourtant certain que le rôle d'Esope était tenu par Raisin cadet qui admirait beaucoup le talent littéraire de Boursault.

LEARQUE : Nom de personnage peu utilisé au dix-septième siècle en France. Chez Ovide (*Métamoprhoses*, IV) Léarque est le nom du frère de Mélicerte.

EUPHROSINE : Rôle probable de Mlle Dancourt: elle tint pendant 35 ans l'emploi des amoureuses.

AGENOR : Chez Ovide (*Métamorphoses*, III), nom du roi de Phénicie, père de Cadmus.

DORIS : Rôle sans doute de Mlle Beauval, car, selon Lyonnet, elle "fut le type de la servante à la gaîté communicative, habituée à parler haut et ferme dans la maison [...] Ainsi, Mlle de Beauval fut la soubrette idéale de Molière, de Regnard [...]". Selon les Parfaict, elle aurait eu 28 enfants.

HORTENSE : Jeune fille obsédée par les choses de l'intelligence. Cette "femme savante" porte un nom qui rappelle non seulement le grand orateur romain mais aussi le pédant ridicule évoqué par Sorel dans *Francion.*

PIERROT : Un paysan de ce nom figure déjà dans le *Dom Juan* de Molière.

AGATON : Utilisation ironique de ce nom, qui signifie 'bon'. Chez Platon, le poète tragique Agathon est l'hôte du *Banquet.*

CLEONICE : Ironique aussi — cette petite fille laide porte le même nom que la belle maîtresse de Desportes.

Mr DOUCET : On sent la flagornerie du personnage dans ce nom, mais on remarque en plus qu'il n'est pas loin phonétiquement de d'Hozier. Le représentant contemporain de cette famille de généalogistes était Charles-René (1640–1732).

Mr FURET : Nom expressif pour un officier de justice. A cette époque il y avait des notaires à Mussy (là où habitait Boursault) dont le nom de famille était Forneret.

Sizique : Cyzique — ville d'Asie Mineure. Peu important à l'époque grecque, ce port de commerce prit son essor sous les Romains. Le choix de cette ville comme cadre est difficile à comprendre. Elle ne fit partie de l'empire lydien que pendant peu d'années. On associerait Esope plus volontiers à la capitale lydienne, Sardes, comme chez Callimaque (*Iambes*, II), chez Plutarque (*Vie de Solon*, XXVIII) ou, plus tard, chez Mlle de Scudéry (*Le Grand Cyrus*, IV)

VERS

p. 48 Acte I. La scène est à Cyzique (Lydie), vers 550 av. J.-C., dans une salle de réception du palais de Léarque, gouverneur de la ville. Le jour commence à peine.

7 *délicate* : Facile à choquer, raffinée, exigeante (Cayrou). Plutôt ironique dans ce contexte, appliqué à Doris.

10 *Magot* : "Sot, malfait, impertinent, ridicule et mal bâti" (Richelet).

16 *riche taille* : Compliment conventionnel — "Cette femme est de la riche *taille*" (Furetière).

22 *d'abord que* : Aussitôt que

43 *se dévelope* : Se dévoile, s'expose

57 *Crésus, le plus heureux* : Selon Hérodote (*Histoires*, I), Crésus provoqua la jalousie des dieux en s'estimant follement le plus heureux de tous les mortels. On retrouve le même thème dans le *Grand Cyrus* (IV) de Mlle de Scudéry.

60–61 Pour le public de 1690 Esope devait ressembler (en version comique) aux ministres de la vieillesse de Louis XIV comme Beauvilliers ou Chamillart.

75 *il ne nomme personne* : Esope utilise la satire morale et bienséante, la "satire permise". C'est tout le contraire de la satire personnelle prônée par Boileau dans son *Discours au Roi* de 1666. Boursault lui-même en avait souffert et dans sa comédie *La satire des satires* (1669), sc. vi, il critiqua son adversaire sur ce point:

> Mais ce qui me déplaît de sa veine féconde,
> Elle est trop satirique, et nomme trop de monde.
> C'est pour un galant homme, un peu s'être oublié [...]
> Et sûr que sans nommer son génie est aride,
> Pour un honneur frivole. il en quitte un solide.
> S'il avait des amis, il devrait le savoir.

77 *industrie* : Habileté appliquée au bien (Cayrou)

96 *gens empruntez* : Ce sont des 'passe-volants' — "On appelle ainsi un homme qui, sans estre enrollé, se présente dans une revuüe pour faire

paroistre une Compagnie plus nombreuse, et pour tirer la paye au profit du Capitaine. *Il y a peine de mort contre les passe-volants*". (Académie)

117 *Marmouset* : "Laid, sot & mal-fait" (Richelet)

117 *vôtre Grandeur* : Ce début de scène nous offre l'inverse de la fin de l'acte II du *Bourgeois Gentilhomme*. Là M. Jourdain acceptait avec joie ce comble de la flatterie; ici, au contraire, Esope s'amuse à surprendre tout le monde en refusant un titre qui lui est dû. La véritable humilité d'Esope constitue le thème central d'*Esope à la cour* (1701).

119 *plus fragile qu'un verre* : Ce rappel des stances de Polyeucte (IV, ii, 1109–14) ajoute un élément de dignité mais aussi de comédie ironique: rien de moins fragile que ce petit bossu qu'est Esope.

122 *vôtre Employ* : Il faut distinguer emploi et charge. Normalement l'emploi indique une mission de caractère temporaire; la charge, au contraire, est permanente. (Cayrou)

145 *La belette et le renard* : Voir La Fontaine, *Fables*, III, 17 *La belette entrée dans un grenier*. Chez la Fontaine c'est un rat qui fait les reproches. Le renard chez Boursault dérive de la fable d'Esope *Le renard au ventre gonflé*: elle présente deux renards, l'un comme victime, l'autre comme spectateur.

162 *l'application* : La morale, le sens moral de la fable.

169 *un liard* : Monnaie de cuivre valant trois deniers, le quart d'un sou. Ce vers exprime donc le sens du vers précédent en termes monétaires: le mauvais financier prélève 25% de commission. Cette commission exorbitante correspond exactement à celle perçue réellement par les 'traitants' du dix-septième siècle: "Chaque fois que le pouvoir crée pour 100 000 livres d'offices, le traitant prélève ainsi 25 000 livres, soit le quart, sous forme de commissions diverses. C'est un marché désastreux, qui enrichit sans limites une poignée de trafiquants". (J. Saint-Germain, 1965)

178 *pose* : Pause

180 *du Caffé* : Inutile de dire que le café était totalement inconnu dans la Grèce antique. Par cette référence, Boursault ajoute une touche au portrait de la société contemporaine et, en plus, il cherche un effet spectaculaire. Introduit en France vers 1669 par l'ambassadeur turc, le café fit

fureur dans la haute société en dépit de son prix élevé (équivalent à environ 1.600 F les 500 grammes). L'un des rares 'cafés' (où l'on vendait la boisson) de Paris était situé dans la rue Mazarine, à quelques 200 mètres de la Comédie Française. On peut penser que le café apporté sur scène (260) provenait de ce café Grégoire. D'après le *Registre* du théâtre, on dut dépenser chaque soir 10 sols 6 deniers pour le café, c.-à-d. trois tasses à 3s.6d. chacune. Dans une lettre à Mlle Poisson, Boursault évalue la tasse de café à 4s., à près le prix d'une livre de viande (*Lettres nouvelles*,1715, II, 20).

199 *croc-en-jambe* : "Se dit figurément d'un tour d'adresse de ceux qui ruinent un projet, une affaire" (Furetière).

201 *complaisans* : Qui tâchent de plaire (Furetière)

204 *Propre* : "Net, bien seant, bien arrangé, bien mis. [...] *Il est tousjours fort propre dans ses habits, dans ses meubles*" (Académie).

204 *grande perruque blonde* : Doris évoque sans plaisanter un élément de la tenue du courtisan qui était souvent sujet de raillerie.

206 *enteste* : Obsède

209 *Marsoüin* : "Par injure un homme de taille grossiere, mal basti & mal propre" (Académie)

217 *Chat-huant* : L'emploi figuré comme injure semble dériver de l'image générale du hibou

222 *me chagrine* : M'irrite, me fâche

224 *Le renard et la teste peinte* : Voir La Fontaine, *Fables*, IV, 14 *Le renard et le buste.* Esope (suivi par Phèdre) avait mis le renard en présence d'un masque; La Fontaine le remplace par un buste sculpté. Boursault introduit un portrait peint, ce qui permet de mettre l'accent sur la perruque blonde et de rappeler ainsi le thème traditionnel du 'blondin'.

243 *il charme* : Il plaît extrêment, avec l'idée d'un agrément fascinateur (Cayrou). De même, "charmante" (238).

p. 57 scène iv. *Un Officier* : Un domestique, sans doute le sommelier qui figure dans la distribution. les officiers sont "dans les maisons particulieres, les

Domestiques qui ont soin de la table, comme Maistre d'hôtel, Cuisinier, Sommelier" (Furetière)

267 *Le Caffé me fait mal* : Selon la Faculté, cette boisson avait des effets néfastes sur la sexualité et provoquait la stérilité. A Marseille, les médecins — soudoyés, dit-on, par les marchands de vin — s'acharnèrent sur l'usage du café. Ses défenseurs adoptèrent au contraire l'opinion du voyageur Thévenot qui avait en 1664 assuré que selon les Turcs le café était bon contre toutes sortes de maux. Les médeçins de Lyon publièrent en 1685 un éloge du café dont Nicolas de Blégny se fit l'écho en publiant à Paris et à Lyon un ouvrage de 358 pages: *Le bon usage de thé, du caffé et du chocolat pour la préservation et pour la guérison des maladies* (1687).

272 *fille* : Bonne. Le mot s'appliquait à "toutes sortes de servantes" (Furetière). E. Lenoble stigmatisa en 1691 "la liberté de l'équivoque" contenue dans cette réplique.

274 *Vous me ferez raison* : Il s'agit de "Boire à celui qui a bu à notre santé" (Richelet)

290 *Godenot* : "Petit morceau de bois [...] qui a la figure d'un marmouset, & dont se servent les joüeurs de gobelets pour divertir le petit peuple" (Richelet). Au figuré, petit homme mal fait.

291 *zele* : "Les Poëtes se servent quelquefois de *zèle* pour signifier l'*amour*. [...] En ce sens il vieillit" (Furetière).

295 *table d'attente* : L'endroit où viendront se placer les cornes du mari trompé.

309 *Atropos* : La Parque qui coupe le fil de la vie — la Mort.

312 *jargon* : "Se dit aussi par extension en parlant des Langues mortes ou estrangeres que nous n'entendons point" (Furetière). Plus loin (321) le terme indique le vocabulaire technique de la philosophie aristotélicienne.

314 *vous humaniser* : "Se régler sur les autres hommes, s'y conformer" (Richelet).

320 *l'Intellect* : "Terme dont se servent les Philosophes pour nommer cette faculté d'âme qu'on appelle d'ordinaire *l'entendement*" (Furetière).

320 *Cathegorie* : "Terme de Logique, ou *Prédicament*" (Furetière).

343–44 Encore une fois Lenoble protesta contre "cette idée vilaine qu'insinuent ces deux vers".

349 *être seule* : Nous sommes loin de la précieuse en tant que membre d'une coterie. Paradoxalement Hortense (personnage ridicule) se conforme à la sagesse prônée par Pascal — elle demeure en repos dans une chambre.

351 *Un discours sans figure* : Vers la fin du dix-septième siècle la tendance générale est de limiter l'emploi du style figuré. Malebranche avait attaqué en 1674 les auteurs dominés par l'imagination: "Ils ne vont que par bonds, ils ne marchent qu'en cadence; ce ne sont que figures et qu'hyperboles" (*La recherche de la vérité*, II, iii). Plus tard (1716) Fénelon lui aussi préconisera le style dépouillé.

352 *de l'antithese ou de la metaphore* : Un an auparavant, La Bruyère avait établi une distinction de valeur entre ces deux figures — l'antithèse était abandonnée aux jeunes gens tandis que "les esprits justes, et qui aiment à faire des images qui soient précises, donnent naturellement dans la comparaison et la métaphore" (*Les Caractères*, 4e ed., "Des ouvrages de l'esprit"). Dans une sorte de palinodie, Boileau, le fameux pourfendeur du style orné, viendra en 1695 prendre la défense de la métaphore:

> Et bientôt vous verrez mille auteurs pointilleux [...]
> Traiter tout noble mot de terme hasardeux;
> Et dans tous vos discours, comme monstres hideux,
> Huer la métaphore et la métonymie.

Epître X, 48, 51–53

345 *inaffectation* : Ce mot ne figure pas dans les dictionnaires de l'époque.

359 *Le rossignol* : Cette fable semble être de l'invention de Boursault.

374 *siffler* : Siffler un oiseau voulait dire lui apprendre à siffler des airs ou des chansons (Cayrou). Dans le sens de désapprouver par des sifflements, ce fut vers 1680 qu'on commença à siffler les mauvaises pièces de théâtre.

384 *sa difformité* : Surtout la bosse d'Esope.

386 *influa* : Communiqua par une force secrète – "En ce sens il ne se dit guere que Des impressions que les astres respandent sur les corps sublunaires" (Académie).

p. 63 Acte II. Quelques heures plus tard. Pendant l'entracte, Esope a parlé à Léarque. Mais, loin d'appuyer les droits d'Agénor, il a fixé pour le lendemain la date de son propre mariage avec Euphrosine.

392 *Me délacer* : Anachronisme. Mais au théâtre les habits à l'antique se distinguaient de la mode courante simplement par un excès de broderie d'or ou d'argent rehaussée par des dentelles et des franges.

402 *Cyclope* : Plutôt qu'à un géant forgeron, Esope ressemblerait au maître des Cyclopes, Vulcain.

411 *se precipiter* : Esope lui-même périt ainsi, condamné par les Delphiens à être précipité du haut du rocher Hyampeia (Plutarque, *Moralia*, "De sera numinis vindicta").

423 *Lesbos* : Ile grecque de la mer Egée, située à quelque 200 kilomètres de Cyzique. Le voyage aurait dû prendre prendre quelques semaines et non quelques mois (425)

424 *empaqueter les os* : L'expression semble burlesque et cruelle. Trop de franc-parler chez cette servante ou bien une touche de couleur locale antique?

449 *L'appareil* : Le déploiement de préparatifs en vue d'une chose plus ou moins solennelle (Cayrou). Les préparatifs se réduisent ici à la présence sur scène d'un fauteuil.

451 *Fauteuil* : Ce meuble avait une valeur quasi mystique à la cour de France. Symbole de la dignité royale, il était réservé au roi lui-même, aux reines et au roi Jacques d'Angleterre.

458 *aller au fait* : On peut soupçonner un sous-entendu grivois.

513 *Monseigneur* : "Un titre qui se donne [...] à ceux qui sont les plus éminens dans l'Eglise, dans la robe ou dans l'épée" (Richelet). Ce début de scène

correspond à la scène v de l'acte I: Esope est constant dans son refus de la flatterie.

516 *Monsieur* : Titre employé moins fréquemment au dix-septième siècle que de nos jours. Il impliquait de la considération ou du respect (Cayrou).

516 *Gouverneur* : Avant la Fronde les gouverneurs avaient exercé toutes les prérogatives du roi, hors la justice. Après 1661, avec la montée des intendants, leur rôle est réduit et tend à devenir simplement honorifique.

523 *Il serre le bouton* : "On dit *Serrer le bouton* à quelque'un quand on le tient en bride, & quand on le presse fortement de faire quelque chose" (Furetière).

539 *Le peuple* : Assez hardiment (le texte primitif conservé dans la lettre au duc d'Aumont est encore plus fort), Boursault se permet de faire allusion aux devoirs du souverain à l'égard de ses sujets. Hors de France, en 1689, une plume protestante avait exprimé les *Soupirs de la France esclave qui aspire après la liberté*. Au cours des années 1690, nombreux sont ceux qui déplorent l'abandon du peuple par les pouvoirs publics. Vauban dans sa *Dîme royale* (rédigée d'abord en 1691), La Bruyère dans les remarques qu'il ajoute en 1692 aux *Caractères* préludent à l'éloquence de Fénelon dans sa *Lettre à Louis XIV*: "Cependant vos peuples, que vous devriez aimer comme vos enfants, et qui ont été jusqu'ici si passionnés pour vous, meurent de faim. [...] Au lieu de tirer de l'argent de ce pauvre peuple, il faudrait lui faire l'aumône et le nourrir".

545 *Les membres et l'estomach* : Voir La Fontaine, *Fables*, III, 2 *Les membres et l'estomac*. L'imitation du prédécesseur va jusqu'à emprunter tout un hémistiche ("les Mains cessent de prendre" 551). Cette fable ésopique se trouve déjà chez les historiens antiques comme Tite-Live, *Histoire romaine* et Plutarque, *Vie de Coriolan*. Là, comme ici, la fable s'insère dans un contexte politique: la plèbe, révoltée contre le Sénat et les prêteurs sur gages, se laisse influencer par le consul qui lui a conté l'apologue des membres et accepte de nouveau l'autorité des sénateurs.

564 *ils moururent* : Boursault va plus loin que La Fontaine qui dit simplement: "les forces se perdirent" (v. 20).

567 *une legere part* : Contre-vérité par rapport à la fiscalité de la fin du dix-septième siècle. Même dans les provinces les plus favorisées, on devait payer en impôts jusqu'à 40% de la valeur du revenu d'une terre. Le

poids des impôts indirects (aides et gabelle) aggravait la situation fiscale des roturiers, des paysans surtout. Selon l'enquête des intendants menée partout en France en 1687, la fiscalité excessive et injuste était toujours au cœur des doléances de la population rurale.

574 *Tailles* : Les grands impôts directs ('taille personnelle' sur les ressources de l'individu et 'taille réelle' sur la terre) qui pèsent sur les roturiers, à l'exclusion des privilégiés (clercs et nobles principalement).

580 *Il travaille* : Ce verbe s'applique difficilement au souverain. Mieux inspiré et plus près de Tite-Live, La Fontaine l'applique au peuple:

> Ceci peut s'appliquer à la grandeur Royale [...]
> Tout travaille pour elle, et réciproquement
> Tout tire d'elle l'aliment. (vv. 24, 26–27)

585 *C'est une verité* : Boursault mise sur les deux tableaux. Après le réquisitoire contre l'administration royale, nous avons l'éloge de la royauté. Mais le portrait du roi, exagérément flatteur, jure tellement avec la réalité du siècle finissant qu'on se demande s'il ne s'y cache pas quelque ironie ou bien si Boursault comptait sur ces louanges pour faire passer les critiques qu'il avait formulées.

594 *Oh, je n'en doute point* : Esope semble se moquer des deux députés. Mais ses remarques servent sans doute à alléger le ton grave de cette scène. Le dramaturge est tiraillé entre la comédie et le sermon.

598 *Testidié* : Le jargon paysan, introduit sur la scène par Cyrano de Bergerac dans son *Pédant joué* (1646, imprimé en 1654), avait été consacré par Molière dans *Dom Juan* (1665). Boursault exploite à peu près les mêmes déformations de la langue: phonétiques (comme les finales en -iau ou le remplacement de -er par -ar dans *sarviteur*, etc.); morphologiques (comme les formes verbales *je sommes*); lexicales (comme les archaïsmes). Il multiplie les éléments pittoresques: les jurons (598, 607, 616, 627, etc.), les proverbes (625), les ellipses (605), les hyperboles (636). Du point de vue linguistique, on a identifié le patois — autrement plus riche et plus varié — de Mathieu Gareau dans le *Pédant* comme celui de Meudon et de Chevreuse dans le bassin parisien. Chez Boursault, le parler paysan

est sûrement moins authentique. Mais lui-même ne parlait que le patois champenois jusqu'à l'âge de dix ans. Il se peut donc que le langage de Pierrot (et de Colinette, V, vii) évoque plutôt la Champagne que les environs de Paris.

599 *Vous seriez un menteur* : Ne connaissant rien de la politesse mondaine, Pierrot commence la conversation par l'équivalent d'un démenti: dans les mœurs du dix-septième siècle, cela pourrait être prétexte à coups de bâton. Parler ensuite de la bosse d'Esope n'est guère plus poli.

601 *Sarviteur* : Serviteur, ancienne formule de salut

604 *boute* : "Vieux mot, qui étoit autrefois fort en usage, [...] ne se dit plus que par le bas peuple et les paysans: & en Picardie il signifie *mettre*" (Furetière).

610 *Sans doute* : "Hors de *doute*, certainement" (Furetière)

611 *le fin premier* : Pierrot fait partie de la classe des laboureurs. Ces paysans exceptionnels ont trouvé moyen de garder un surplus de grains négociable, ce qui leur permet de louer du matériel agricole, de prêter de l'argent, de dominer leur village et de devenir assez souvent les intermédiaires entre seigneur et paysans.

615 *du mirlirot* : Le mirlirot, autrement le mélilot, est une plante comme le trèfle. "Le peuple l'employe en ce proverbe: j'en dis du *melilot*, pour dire, je ne m'en soucie gueres" (Furetière).

618 *Charge* : Les charges (fonctions publiques et permanentes) étaient de quatre sortes: de la maison du roi, de l'armée, de la robe et des finances. Pierrot s'oriente vers celles, plus prestigieuses, de la maison du roi. Boursault prend un cas-limite absurde afin de stigmatiser la folle flambée des offices, qui passèrent de 4 000 en 1515 à 500 000 en 1715.

626 *Chambrieres De la Reine* : Expression comique grâce à la contradiction des termes, car 'chambrière' "n'est plus en usage qu'en parlant des servantes de Prestres, ou de ceux qui n'ont qu'un petit mesnage" (Furetière).

628 *Factoton* : Factotum — "On prononce FACTOTON" (Académie).

629 *en payant* : Comme à Versailles. Même les plus grands (comme Mme de Montespan) tenaient à arrondir leur fortune en prenant des commissions.

636 *Connêtable* : Hyperbole goguenarde. Jadis le connétable avait commandé l'armée royale. Mais la charge fut supprimée par Richelieu.

638 *faire le blêche* : Deux interprétations sont possibles — paraître faible de caractère ou bien marchander comme un mercier ambulant. Vanbrugh donne comme traduction: "I'se no Hagler, Gadswookars".

641 *Monsieur le Manan* : Courtoisie ironique. Le 'manant' est le paysan enraciné, par opposition à 'l'habitant' nouveau venu dans le village.

654 *Je le sommes* : Nous le sommes. Cet emploi de *je* avec un verbe au pluriel se trouve peu souvent dans la comédie de Cyrano mais il figure abondamment dans le premier discours de Pierrot chez Molière.

654 *tretous* : Archaïsme pour 'tous'. Le mot manque dans les dictionnaires de l'époque.

657 *Les Fêtes* : Cette vision idyllique de la vie rurale fait constraste avec l'image plus sombre déjà présenteée dans la scène précédente. Pour souligner la satire dirigée contre la cour, il faut embellir la campagne.

660 *tu veux* : Le tutoiement indique une certaine émotion: Esope commence à s'intéresser vraiment au sort de Pierrot.

664 *la Cour* : Boursault se met aux côtés d'un La Bruyère qui ajoute en 1690 bon nombre de remarques morales au chapitre "De la Cour" de ses *Caractères.*

673 *Les deux rats* : Voir La Fontaine, *Fables*, I, 9 *Le rat de ville et le rat des champs.* La version donnée par Esope est beaucoup plus élaborée que celle de ce prédécesseur et ressemble plutôt à celle d'Horace (*Satires*, II, 6). Le titre rappelle par sa simplicité celui de la fable insérée dans le recueil d'Aphthonius. Dans ses *Nouvelles conversations de morale* (1688) Mlle de Scudéry avait souligné la valeur morale et sociale de cette fable: dans son compte rendu de ce livre dans l'*Histoire des ouvrages des savans* (août 1689), p. 521, Bayle écrit,

> Elle se moque de l'orgueilleuse gravité des Stoïciens, & prefere la simplicité d'Esope, qui eut l'adresse de

deguiser en contes fabuleux les plus importantes leçons de la Morale. La fable du rat de ville & du rat de village fait mieux sentir la difference de la vie tumultueuse du monde, & de la vie simple & tranquille de la solitude, que les plus graves preceptes de Seneque, & de ces autres grands instructeurs du genre humain.

678 *Il rencontre* : Ce tableau plein de vie n'a d'équivalent ni chez Horace ni chez La Fontaine. La vivacité des gestes et la rapidé des propos rappellent un peu le style de Marot.

686 *le Bourgeois* : Citoyen d'une ville jouissant d'une richesse relative ("d'un tel poids" 687).

696 *Fermier General* : Dans Horace, simplement un homme riche. Boursault cherche à faire moderne. En 1681 Colbert avait groupé ensemble des traites comme les gabelles et les aides dans la Ferme générale. La compagnie des fermiers généraux réunissait alors les plus grands financiers de France.

726 *je m'en gobarge* : "Terme bas & populaire, qui signifie se resjoüir, se mocquer" (Furetière).

739 *je m'en mordrois les doigts* : Je l'aurais regretté

747 *frais parcé* : Récemment mis en perce

748 *je chamarerons le moûle du pourpoint* : Développement d'une expression alors courante — "*Sauver le moûle du pourpoint.* C'est se sauver soimême, son corps & sa personne" (Richelet).

752 *Margajat* : Proprement, un cannibale du Brésil

753 *Standpendant* : Contraction populaire de 'ce temps pendant'. On la trouve chez Cyrano et Molière.

756 *servir* : L'acte prend fin comme la comédie de la *Critique de l'Ecole des femmes*. Selon Dorante, "Ah! voilà justement ce qu'il faut [...] et l'on ne peut rien trouver de plus naturel".

759 *rougebords* : Des verres de vin rouge pleins jusqu'aux bords

p. 79 *Le dogue et le bœuf* : Une fable ésopique que La Fontaine n'avait jamais imitée. Du point de vue critique, il est intéressant de noter que Boursault applique le terme de 'mélange' à sa comédie moralisante.

p. 80 Acte III. Quelques heures ont passé. Mettant en application son ordre péremptoire (487), Léarque a congédié Doris. Mais elle a tenu peu de compte de son renvoi et réapparaît afin de défendre les intérêts d'Euphrosine.

764 *obeï* : L'attitude de Léarque n'est pas loin de celle d'Orgon envers Mariane (*Le Tartuffe*, II, iii); d'ailleurs Doris joue ici un rôle qui correspond à celui de Dorine chez Molière.

768 *satisfaire* : "Payer ce qu'on doit" (Furetière).

784 *amitié* : Affection, tendresse

789 *chagrin* : Mouvement d'irritation, mécontentement

808 *Sot* : "Un cocu, un cornard, le mari d'une femme dissoluë ou infidelle" (Furetière).

812 *congé par écrit* : Vers la fin du dix-septième siècle, pour contrôler les domestiques sans emploi, on proposa au roi des mesures de répression, par exemple de considérer comme vagabond tout laquais sans travail qui serait démuni d'un congé écrit.

818 *Choisissez quelle jouë* : Doris nargue son maître tout à fait dans le style moliéresque de Dorine ou de Toinette.

p. 83 scène iii. La "petite Scene muette" serait une sorte de 'dépit amoureux' (comme dans *Le Tartuffe*, II, iv) au cours de laquelle Esope manifeste son affection par des gestes tandis qu'Euphrosine le fuit et évite même son regard. L'influence des Comédiens Italiens n'est pas à écarter.

837 *Beauté* : Parodie des discours hyperboliques des amoureux dans le théâtre.

844 *benin* : "Doux, favorable, humain [...] Se dit en parlant des Astres & des Cieux, mais hors de là il ne se dit guere qu'en riant" (Richelet).

851 *Fat* : Imbécile, coquin: injure à sens vague mais très accentué (Cayrou).

852 *caquet* : A cette époque le mot est du style familier; La Bruyère (V,50) le fait imprimer en italique.

866 *Quolifichet* : "Se dit aussi des petites pieces, & de peu de valeur qu'on trouve dans les cabinets des pauvres curieux" (Furetière).

882 *L'Allouette et le papillon* : Encore une fable de l'invention de Boursault. Allant plus loin que La Fontaine dans le domaine de la fantaisie, il mélange hardiment des personnages très divers. On peut supposer l'influence de Mme de Villedieu (1670) dont la fable *Le Papillon, le freslon & la chenille* évoque le papillon d'une façon similaire.

888 *poussoit à bout* : L'expression ne semble avoir ni sa signification ancienne (réduire à ne pouvoir répondre) ni son sens moderne (exaspérer). Elle suggère plutôt séduire.

893–4 *Epoux inconstant* : Cette conclusion morale s'oppose au cynisme de Mme de Villedieu dans sa fable *La Cigale, le hanneton et l'Escarbot*:

> Et pour la paix de la Maison,
> Un peu d'intrigue, est un mal necessaire.

896 *Coucou* : La mauvaise image du coucou se dessine déjà dans *Le Sansonnet et le coucou* de Mme de Villedieu:

> Vn coucou fameux scelerat,
> Qui, comme chacun sçait, ne vit que de rapine,
> Qui va de Nid en Nid croquant les œufs d'autruy.

Furetière (1671) revint à la charge dans *Du Rossignol et du coucou* dont la morale constate

C'est le malheur de plusieurs Animaux,
D'estre venus au monde avec certains défauts,
Dont ils ne se peuvent deffaire,
Et quoy qu'on les accuse assez souvent à faux,
Ils ne trouvent point l'art de plaire.

897 *je fais une figure* : "Cette façon de parler, faire figure ne se dit plus guere, ou elle se dit en riant" (Richelet)

905 La scène tourne à la tragicomédie. Mais le théâtre comique évoque assez souvent le recours au suicide (936), par exemple dans le *Tartuffe*. Mais la réaction admirative d'Esope (939) diffère totalement de l'exaspération amusée de Dorine chez Molière.

946 *Genealogie* : La profession de généalogiste avait une importance capitale à une époque où un titre de noblesse conférait des exemptions fiscales en même temps que des privilèges sociaux (voir La Bruyère, 'De quelques usages', 13). On y avait recours surtout à l'heure des vérifications royales. La noblesse usurpée comme thème comique remonte jusqu'à Juvénal.

949 *seize Races* : Hyperbole comique — les rois de France ne comptaient que quatre races ou familles dynastiques.

951 *L'Or* : Les noms des émaux héraldiques préludent à un déploiement de termes techniques de la science du blason. Le casque sans grille (953) signifie la haute noblesse de grande antiquité. Le lambel (955), pièce d'armoirie en forme de filet horizontal garni de pendants, sert à distinguer dans une famille noble la branche cadette de la branche aînée. Le titre de Messire (958) était réservé aux gentilshommes.

954 *Mandille* : Ce manteau qui était particulier aux laquais avait donné naissance à l'expression 'porter la mandille': "Quand on veut reprocher à quelqu'un sa basse naissance, on luy dit que Son père a porté la *mandille*, qu'il a esté laquais" (Furetière).

956 *Gentilhomme exploitant* : Plutôt que de voir dans ces mots l'équivalent du 'gentleman-farmer', il convient d'y reconnaître sans doute une périphrase

ironique pour huissier ou sergent. 'Les Huissiers du Conseil, les Huissiers du Chastelet sont *exploitants* par tout le Royaume de France" (Furetière).

957 *Satires* : Déjà, dans sa satire V (97–101) publiée en 1666, Boileau avait pesté contre les inventeurs de l'art du blason. Plus loin (130) il nommait le généalogiste d'Hozier.

964 *Blasonneur* : Mot à double entente — expert dans la science du blason mais aussi, flatteur, celui qui a la manie de louer.

1007 *Le Corbeau et le renard* : Dans cette fable si connue — elle apparaît par exemple sur la bordure de la tapisserie de Bayeux — les détails varient selon l'auteur. Chez Boursault comme chez La Fontaine (*Fables*, I, 2) le corbeau tient un fromage, selon une tradition qui remonte à Phèdre. Ailleurs (dans l'Esope de Nevelet par exemple) il s'agit d'un morceau de viande. L'allusion à l'aigle (1017) rappelle pourtant le Gabrias de Nevelet, tandis que la possibilité de régner sur les oiseaux (1019) dérive de la fable d'Aphthonius (dans Nevelet encore) ou de l'Esope de Dorpius. La morale (1030–33) se rapproche par sa forme du titre latin ajouté par Le Maistre de Sacy dans sa traduction (1647) de Phèdre — "Laudatore nihil insidiosius".

1035 *Diable* : La férocité d'Esope fait contraste avec la fadeur de M. Doucet. Mais cet effet de scène a, en plus, un sens moral: l'auteur veut un effet de choc pour éveiller l'attention du public et inculquer une leçon de morale à l'égard de la corruption de la noblesse. Cette leçon reste beaucoup plus conventionnelle que les remarques de La Bruyère dans 'Des Grands'.

1057 *tirer en volant* : Indique l'habileté du chasseur — "C'est un bon chasseur, qui sçait bien *tirer*, qui *tire* en volant" (Furetière).

1106 *Prevôt* : A Paris, le Prévôt des Maréchaux commandait des archers (ou agents de police) — "tout son Cortège".

1136 *L'Ecrevisse et sa fille* : La Fontaine ne publiera sa version de cette fable (sous le même titre) qu'en 1694 dans une édition dont le privilège date de la fin de 1692: *Fables*, XII, 10. Ici au moins Boursault a recherché la brièveté (cette âme du conte selon La Fontaine). Il insérera cette fable dans une lettre adressée à sa belle-fille à l'occasion de la naissance d'une enfant: "A peine commencera-t-elle à bégayer que je luy apprendray la Fable [*L'Ecrevisse et sa fille*] que vous avez ouïe dans la Comédie d'Esope,

& qu'une Mére ne sçauroit entendre trop de fois" — *Lettres nouvelles* (1697), pp. 319–20.

1187 *Placet* : Pétition adressée au Roi pour lui demander justice.

p. 95 scène vi. Comme Boursault l'avait indiqué dans sa Préface, il transpose ici pour la scène une fable de Phèdre, III, vii, *Frater et soror.* Il change l'ordre des événements et amplifie nécessairement les maigres détails du texte latin. Esope doit jouer le rôle du père, car Léarque n'est guère un personnage exemplaire ou sympathique dans cette pièce.

1215 *tarabuste* : "Terme populaire" (Furetière)

1216 *Dragon* : "Il se dit aussi des petits enfants quand ils sont mutins & meschants. *C'est un vray dragon. C'est un petit dragon*" (Académie).

1224 *dîné* : Déjeuner, repas vers le milieu du jour. "*Dîné. Dîner.* L'un & l'autre se dit, mais *dîné* est plus en usage" (Richelet).

1231 *ragoutant* : "Se dit aussi figurément, pour dire ce qui donne du desir" (Furetière).

1235 *Pistole* : "Monnaye d'or étrangere. La *pistole* est maintenant de la valeur d'onze livres" (Furetière). Mais, d'après l'Académie, "Ordinairement quand on dit Pistole, sans ajouster *d'or*, on n'entend que la valeur de dix francs". La différence de valeur tient à la différence entre monnaie réelle (battue en Espagne ou en Italie) et monnaie de compte.

p. 98 Acte IV. Quelques heures plus tard. Agénor se montre de plus en plus impatient mais ni son entrevue avec Léarque (1294–1299) ni sa discussion avec Esope (scène iv) ne lui procureront satisfaction.

1290 *sur le Pré* : "On dit aussi d'un brave, qu'il va souvent sur le *pré*, pour dire qu'il se bat souvent en duel" (Furetière).

1326 *équipage* : Costume, tenue, toilette

1330 *Propreté* : Elégance

1337 *Acabie* : "Bonne ou mauvaise qualité d'un fruit. [...] Quelques-uns le disent aussi des viandes & des étoffes. Ménage dit que le peuple a dit, d'un bon *acabit*, pour dire, d'un bon achat" (Furetière). L'emploi métaphorique semble être peu fréquent à cette époque. L'emploi au féminin se rencontre très rarement.

1338 *Robe longue* : "Les gens de Justice & les graduez" (Furetière), tandis que ceux 'de robe courte' n'ont pas fait d'études universitaires et "ne sont pas examinez sur la Loy".

1339 *Conseiller Gardenotte* : "Il n'y a pas jusqu'aux Notaires qui prennent maintenant la qualité de *Conseillers* Notaires & Gardenotes du Roy" (Furetière).

1341 *Tabellion* : L'équivalent du notaire dans les juridictions subalternes.

1344 *Presidente à Mortier* : Selon Furetière dans le *Roman bourgeois* (1666) le président à mortier est placé tout à fait au sommet de la société avec le duc et pair: sa femme devait posséder une fortune de 300 000 à 600 000 livres. Autour de 1696 l'office de président à mortier se vendait de 123 000 à 160 000 livres.

1347 *Chaise* : Petit carrosse pour deux personnes

1380 *La Grenouille et le bœuf* : Boursault imite La Fontaine (I, 3) dont il emprunte la série de verbes (1383) mais aussi Phèdre qui débute par la mention du pré. La satire sociale (1399–1432) s'inspire de la morale en trois vers chez La Fontaine.

1422 *Chaise roulante* : "Une voiture à deux roües, traisnée par un homme ou par un cheval" (Académie).

1426 *Zeros criminels* : Le financier ajoute des zéros pour multiplier les sommes qui lui sont dues.

1489 *Le Cuisinier et le cigne* : Voir La Fontaine, *Fables*, III, 12. Boursault a abandonné l'introduction de la fable et en a modifié la morale.

1510 *brutalité* : Grossièreté

1513 *l'Oyson* : Mot à double entente — l'oie comme dans la fable mais aussi le niais.

1519–34 Cherchant à varier le ton et le rythme, Boursault nous montre un Agénor qui a totalement perdu sa "brutalité" et qui parle avec éloquence (1536).

1594 *service du Roy* : L'expression prête à équivoque, indiquant soit l'armée et la vie militaire (comme l'entend Esope), soit des fonctions, même subalternes, dans la magistrature. De la même façon, "Officier" (1608) signifie officier de guerre mais aussi celui qui est pourvu de quelque office — "Il n'y a pas jusqu'aux Sergents [= huissiers] qu'on nomme *officiers*; & on dit d'eux absolument où est l'*officier* pour dire, où est le Sergent, le Bedeau qui est de service" (Furetière).

1599 *Quatorze Enfans!* : Sous l'Ancien Régime, ou peut évaluer à six ou sept le nombre moyen de naissances dans une famille.

1602 *une somme* : Au dix-septième siècle on achetait les grades de capitaine et de colonel. Pour enrayer l'inflation dans ce domaine, Louvois limita la vente d'une compagnie à 12.000 livres et celle d'un régiment à 22.500 livres. Esope pourrait donc supposer que M. Furet aurait dépensé au bas mot une somme d'environ 168.000 livres. (Voir Marion, *Dictionnaire des institutions.*)

1614 *l'Archer le plus brave* : Description comique, car la lâcheté du guet était passée en proverbe. Mais M. Furet veut dire sans doute que son fils fait belle figure.

1615 *Controlleur d'Exploits* : Officier qui percevait les droits d'enregistrement des exploits d'huissiers. Un édit de 1669 interdit de rendre un jugement sur des exploits non contrôlés.

1615 *Rat-de-Cave* : Inspecteur aux boissons, qui percevait les droits d'aides (impôts indirects) sur le vin, etc. Ces taxes étaient particulièrement impopulaires. (Voir Marion.)

1623 *Malice* : Thème traditionnel de la satire (voir Boileau, *Satires*, I). Mais, à travers le personnage d'Esope, Boursault résume les doléances continuelles des citoyens français de l'époque. En plus, il participe à la campagne royal dirigée contre "le brigandage de la justice". Déjà, en 1620, un édit de Louis XIII avait dénoncé les fraudes des procureurs. Plus tard dans le siècle, le lieutenant criminel d'Orléans demanda à Colbert la suppression des sergents qui "sont des animaux si terribles ..." (D'après Marion).

1625 *Pension* : Un édit de 1666 avait exempté de la taille les roturiers pères de *douze* enfants vivants (et n'étant ni prêtres ni religieux) et accordé une pension de 2 000 livres aux gentilshommes ayant douze enfants. Mais cet édit fut abrogé en 1683. (Voir Marion).

1639 *Les Colombes et le vautour* : Cette fable n'est pas pareille à celle de La Fontaine *Les Vautours et les pigeons* (*Fables*, VII, 7). En fait le sujet en est pris à Phèdre, I, 6 *Ranæad solem*. Le contexte est similaire, car, selon le fabuliste latin, Esope récita cette fable aux noces d'un voleur.

1669 *besogne* : Il peut y avoir un sous-entendu grivois.

p. 112 Acte V. Plus tard dans la journée, autour de 4h du soir (1929, 2051). Agénor est en train de parler de nouveau à Léarque (1715), comme l'avait suggéré Doris (1295); il ne revient sur scène que tout à fait à la fin de la pièce.

1705 *Medecin* : On doit se souvenir que l'Affaire des Poisons est assez récente — la Chambre Ardente avait fermé ses portes en 1682, ayant condamné trente-six personnes à être brûlées vives. Doris nous semble ici plus menaçante comme personnage que la Dorine de Molière. Regnard et Lesage ne sont pas loin.

1811 *Gobin* : "Bossu" (Adadémie)

1813 *je reviens* : Boursault ajouta cette scène au cours des représentations en voyant le succès de la comédie rustique à la scène vi de l'acte II.

1814 *un Orphelin* : D'après le Registre de la Comédie Française il doit y avoir sur scène à ce moment un laquais qui porte l'enfant, figurée par une poupée. A la date du 25 août 1690 on trouve un paiement "pour La poupée extraordinaire".

1850 *bredi-breda* : D'une manière précipitée et brouillonne — archaïsme qui manque dans les dictionnaires de l'époque.

1851 *presti* : Le siegneur prétend que la terre en question avait été hypothéquée. Sous Louis XIV, on essaya — mais sans succès — de réglementer le système des hypothéques par l'enregistrement public. (Voir Marion.)

1867 *droit d'Aubaine* : Dans certaines coutumes (celles d'Anjou, du Maine, etc.) les seigneurs avaient le droit de s'attribuer la succession des étrangers morts dans leur domaine. La mauvaise foi du seigneur de Pierrot est évidente car le père du "Marmot" est natif du lieu. Sur ces allusions (1867–74) à la féodalité, consulter Marion.

1868 *droit nouviau* : La multiplication des droits honorifiques (comme celui d'être encesnsé par le curé) et des droits utiles (qui procuraient un revenu au seigneur) suscitait toujours des résistances de la part des paysans. Boursault va de nouveau dans le sens du pouvoir royal qui s'opposait à ces restes de la féodalité.

1871 *Procés* : A cette époque on alla jusqu'à dire: "Il n'y a de réel dans la féodalité que les procès". L'obscurité des coutumes et l'absence de documents encourageaient la naissance de conflits, fomentés et prolongés en outre par les procureurs.

1874 *disme* : Grâce à des achats ou des usurpations, la dîme était parfois perçue par des laïcs ('dîme inféodée'). Mais on employait le terme improprement, comme ici, pour indiquer le champart, la portion de la récolte due au seigneur, après le prélèvement de la dîme. Généralement le champart était levé au douzième mais il pouvait monter jusqu'au tiers. Les fruits et légumes en étaient en principe exempts.

1881 *paye un écu* : La réalité des corvées seigneuriales est exprimée d'une façon burlesque. Comme beaucoup d'autres, le seigneur de Colinette permet ou exige le rachat de la corvée du nettoyage des douves de son château par une imposition additionnelle d'un écu par an.

1890 *Le Loup et l'agneau* : Voir La Fontaine, *Fables*, I, 10. Il y a imitation non seulement de La Fontaine mais aussi de Phèdre (I, 1).

1934 *iau benîte de Cour* : Expression proverbiale — "Ce sont de grandes caresses, de belles protestations d'amitié des gens de Cour qui sont simulées, & qui n'ont aucun effet" (Furetière).

p. 121 scène iv : Les discussions sur le théâtre ne sont pas rares dans les comédies et les tragédies du dix-septième siècle. Dans cette scène la discussion est axée sur deux thèmes majeurs: les acteurs (1950–68, 2006–49) et les auteurs (1969–84). Après le grand débat sur la valeur morale du théâtre qui s'était déroulé au cours des années 1660–70, ce fut Boursault lui-même qui provoqua le renouvellement du débat en 1694 par la dissertation du P. Caffaro qu'il mit en tête de l'édition de ses comédies.

1943 *Choisis* : Nous sommes en présence de l'orateur de la troupe avec son adjoint. Selon Chappuzeau, l'orateur était comme le chef de la troupe. Il devait parler à la fin de la pièce pour introduire la pièce du lendemain. En plus il faisait des compliments éloquents aux personnalités (comme le roi) venues assister à la pièce. Floridor et Molière avaient été des orateurs remarquables.

1960 *Quinze Acteurs* : La comédie des *Fables d'Esope* fut jouée par une troupe de quatorze personnes.

1976 *Necessaire* : Normalement on voit ensemble ou bien le vraisemblable et le nécessaire (comme dans les écrits théoriques de Corneille) ou bien le vraisemblable et le merveilleux (comme chez Chapelain et Racine).

1994 *Hôtel* : Théâtre, comme l'Hôtel de Bourgogne ou l'Hôtel Guénégaud (que la Comédie Française vient de quitter en 1689).

2012 *Marchandise mêlée* : "On dit d'un homme qui fait plusieurs mestiers, qui a apris diverses sciences, que c'est un Marchand *meslé*" (Furetière).

2022 *Vos Nouveautez* : On a pu faire le même reproche à Molière dont les comédies parisiennes utilisaient souvent des éléments tirés de ses farces provinciales. Vers la fin du siècle l'impression de déjà vu s'accentuait encore car les auteurs imitaient ou plagiaient sans cesse Molière pour la comédie et Racine pour la tragédie.

2027 *La Montagne qui accouche* : Voir La Fontaine, *Fables*, V, 10. La version de Boursault est un peu plus élaborée.

2051 *une heure* : Dans une pétition adressée au lieutenant de police en 1687, les acteurs de la Comédie Française précisent: "La comédie ne commence qu'après cinq heures".

2060 *débaucher* : "Faire faire à quelque chose qu'il n'a pas coustume de faire. J'ay *desbauché* mon Advocat, je l'ay mené à la Comedie" (Furetière).

2061 *O ça* : On trouve "Ho ça" chez Molière (*L'Avare*, III, i). L'expression habituelle était "Or ça" — "Particule qui exhorte, qui convie" (Académie).

2091 *examen* : Esope résume toute l'intrigue de la pièce.

2099 *L'Homme et les deux femmes* : Voir La Fontaine, *Fables*, I, 17 *L'Homme entre deux âges, et ses deux maîtresses.* Boursault applique encore une fois sa technique de l'amplification. La morale se différencie de celles de La Fontaine et de Phèdre en étant finalement plus positive en ce qui concerne le mariage.

Esopus
(Gravure sur bois)
J. MACHO, *Le Livre des subtilles hystoires et fables de Esope*, 1486

TABLES DES MATIERES

jc